SCENARIO PLANNING
A Field Guide to the Future

シナリオ・プランニング　未来を描き、創造する

ウッディー・ウェイド=著
Woody Wade

野村 恭彦=監訳
Takahiko Nomura

関 美和=訳
Miwa Seki

英治出版

SCENARIO PLANNING
A Field Guide to the Future

by Woody Wade

Copyright © 2012 by Wade & Company, SA. All Rights Reserved.
This translation published under license.
Translation copyright © 2013 by Eiji Press Inc.
Japanese translation rights arranged with
John Wiley & Sons International Rights, Inc., New Jersey
through Tuttle-Mori Agency, Inc., Tokyo

監訳者まえがき

イノベーション・ファシリテーター　野村 恭彦

なぜ、いまシナリオ・プランニングなのか？

映画や演劇、ドラマなどには必ずシナリオ（脚本）があります。それが作品の根幹を成し、ストーリーや世界観を作り出していきます。

私たちは映画を観ている間の約2時間、その世界観にどっぷりと浸って、自分自身とは異なる人生を楽しみます。映画を観終わった後、「自分にもこんなドラマがあるかもしれない」と感じることはありませんか？　そのあと「いや、起きるはずがない。だって自分にはこの主人公のような才能はないし、そんなチャンスが転がって来るはずがない」と予測（フォアキャスティング）してあきらめるかもしれません。あるいは、「こんなことが自分に起きるかもしれない。今からもっとがんばろう」と理想から振り返って（バックキャスティング）、今の自分の行動を変えようと考える人もいるかもしれません。このように、自分の人生を考える上でたくさんのストーリーや世界観に触れ、「こんな人生もあるかも」と複数のシナリオを想定し、今の自分の行動を変えていく。それが、シナリオ・プランニングの考え方です。

ビジネスの世界にも「シナリオ」はあります。もっとも有名な事例は、エネルギー大手のロイヤル・ダッチ・シェル社の作った未来シナリオです。シェルは、未来がどうなるか、それがなぜ起こるかを広く調査し考え抜いた結果、未来の起こりうるストーリーのひとつとして「石油危機シナリオ」を作成しました。このシナリオに備え、事前に体制を整えていたことで1970年代の石油危機にきちんと対応することができたと言われています。

このシェルのケースは今から40年以上前ですから、未来シナリオを作ること（シナリオ・プランニング）自体は決して新しい考え方ではありません。しかし、特に東日本大震災以降、日本では未来シナリオへの注目が非常に高まっています。その理由のひとつは、問題の複雑性や将来の不確実性が高まる中、だれもが信じる唯一の将来ビジョンの設定が難しくなっていることにあります。長期的な視点から戦略や計画を立てていくための、具体的な方法論が強く求められています。もうひとつの理由は、市民参加型のまちづくり、社員参加型の経営など、より民主的な合意形成を求める動きが進む中、ビジョン共有、グランドデザイン設計など、多くの関係者が参加して未来を生み出すための信頼性の高い手法が必要とされ始めていることです。

グローバル化による労働市場の激変、環境問題、IT社会の急激な進展などにより、私たちの未来の不確実性はますます高まっています。このような時代を迎え、再び「シナリオ・プランニング」が注目を集めているのです。私がイノベーション・ファシリテーターとして日本全国で社会イノベーションを生み出す場づくりをする中でも、未来シナリオを描くセッションをたびたび実施しています。ご一緒する企業、行政、NPOの方々の多くは、「未来を創造する」「明日のストーリーをつくる」ことへの関心が高く、未来を過去・現在の単なる延長線上で考えるのではなく、未来を主体的に描き、行動していかなければ、よりよい未来をつくることはできないという問題意識を強く持っています。

本書は、シナリオ・プランニングの方法論をきわめてわかりやすく示した上で、企業や行政などのさまざまな事例をリアルに紹介しており、まさにこうしたニーズに合ったタイムリーなものだと言えるでしょう。

計画ではなく、行動のためのツール

シナリオ・プランニングというと、名前の印象から「計画」のためのツールと思われがちですが、最大の特徴は「行動」を支援するところにあります。

未来のシナリオには、それを作った人、読んだ人に新しい可能性を示し、視野を大きく広げる働きがあります。そして重要な変化の要因をストーリーとして理解するため、その変化の兆しが現れたらいつでも行動に移せるよう準備ができるようになります。未来のシナリオが頭に入ると、感度が高まり、入ってくる情報が変わり、そして自ずと行動が変わってくるのです。

計画そのものではなく、行動の質の変化に焦点を当てると、シナリオの正確さは最も大事なものではないことがわかります。そもそも未来のシナリオに正解はありません。シナリオ・プランニングとは、「必ず起きること」を予測するものではなく、むしろ「起きるか起きないかわからない」未来を複数描き、それに備えようとする方法論です。それゆえ、よいシナリオを書くことよりも、組織の中のできるだけ多くのメンバーがシナリオ作成のプロセスに参加することに大きな意味があります。未来を考える共通言語を持つことで、組織全体の感度を上げていくことができるのです。

冒頭で触れた映画や演劇のような創作の世界では、シナリオの質そのものを重視すべきですが、この本を参考にして読者の皆さんが未来シナリオを作っていく際には、シナリオというアウトプット（計画）の質に固執しすぎないでください。シナリオ作りのプロセスを、組織や地域の関係者全員で共有し、アクション（行動）に結びつけることを考えましょう。それがシナリオ・プランニングの醍醐味なのです。

現状の延長ではない未来シナリオを複数描こうとしたとき、大きく視野を広げるための、参加者の多様性を確保することが大切です。たとえば、ある町の地域活性化を考えようとした場合、地元の人だけが集まって考えようとすると、どうしても自分たちの過去の体験に制約されてしまい、視野が狭くなってしまうことが多いでしょう。しかし、まったく異なる体験をしてきた人、たとえば国籍も文化も価値観もまったく異なる人と一緒に未来を構想すれば、視野が大きく広がることは容易に想像できます。様々な分野の専門家や実践者を含め、シナリオ作成チームにこうした多様性を取り入れることの重要性は、本書でも指摘されています。その上で、課題設定、情報収集、状況分析などを適切に行い、起こりうる様々なストーリーを描いていく──この本ではそれを、アクション・ステップや豊富な事例をもとにわかりやすく解説しています。

新しい手法を知ることできっと、「これを早く試してみたい！」と思うようになるでしょう。私自身、ファシリテーターとしてこういった手法を取り入れた「フューチャーセッション」（主体的に未来を創り出すための対話と協業の場）を東北復興やまちづくり、行政改革や企業変革などをテーマに日本各地で行っており、そのたびに効果を実感しています。

2012年から2013年にかけて行った「シブヤ大学フューチャーセッション」では、とても印象的な出来事がありました。このプロジェクトの目的は、ひとりひとりの「シブヤでやりたい自分ごとのなにか」を参加者同士で共有し、そのアイデア実現のための行動を一緒に起こそうというものでした。その中で、「シブヤ動物園」（東急東横線渋谷駅の移転で生まれた空きスペースを使って渋谷駅を動物園にしよう）というシナリオが生まれました。この大胆なアイデアはもちろんまだ実現していませんが、このシナリオが参加者全員の視野を広げ、「動物園ができるなら、植物園ならもっと簡単だろう」というように、新しいアイデアを次々と生み出す源泉になりました。

未来を現在の延長線上で考えるのではなく、大胆に想像しながらシナリオを描くことで、可能性は大きく広がっていくのです。

photo ©Futures 2012

シナリオ・プランニングで主体的に未来を創り出そう

シナリオ・プランニングで視野を広げ、主体的に未来を創り出すためには、どう世界を認識し、見きわめ、どう関わるかを促す、世界観をもったファシリテーターが必要になります。企業にも自治体や行政にも、会議や対話を促すだけのファシリテーターを超えて、イノベーションを引き出すファシリテーターがいま求められているのです。このように組織や集団の視野を広げ、社会変革をもたらすような大胆なアイデアやイノベーションが生まれる場をつくる人を、私は敬意を込めて「社会を変えるファシリテーター」と呼んでいます。

本書の最大の活用法は、ここで示された手法にもとづき、あなたのチーム、組織、地域の仲間と一緒に未来シナリオを作ることです。
ひとりで最高のシナリオを作るよりも、みんなが参加することで、変化を生み出す組織を作りあげてゆくことが大切です。あなた自身がファシリテーターとなって、取り組む問題の当事者をどんどん増やしていくことで、未来思考で行動する人を増やし、問題の構図を変えていきます。今までの関係者だけでは行き詰まっていた問題に対して、新たなステークホルダーに働きかけることで、解決の糸口を探ります。未来シナリオの手法を使って、組織を旧来の狭い視野から解き放ち、イノベーションに向かってプロジェクトを進めるのです。

プロジェクトの関係者全員が参加して未来シナリオを作ることで、全員の視野が広がり、新たな変化への感度が上がります。そしてダイアローグの手法を用いて、参加者同士の相互理解・信頼を深め、「一緒にやろう」という文化を作ります。——このようなアプローチで行動し、シナリオ・プランニングを武器に、未来思考で行動する人を増やしていきましょう。そしてだれもが、未来を「自分ごと」として考え、一緒に作り出していける、そんなチームや会社、地域社会を作っていきましょう。

さあ、未来思考で行動しよう！

2013年9月

photo © Futures 2012

SCENARIO PLANNING

シナリオ・プランニング　未来を描き、創造する

CONTENTS

- 1 監訳者まえがき　　野村 恭彦
- 11 イントロダクション

CHAPTER 1　「現在の呪縛」から逃れる

- 18 これまでのプランニングのやり方でいいのだろうか？
- 20 未来は予測するな！──想像しよう
- 24 未来はリーダーシップにかかっている
- 25 シナリオ≠予知

CHAPTER 2　シナリオ・プランニングの作法

- 39 ロケットサイエンス？
- 41 STEP 1　課題を設定する
- 42 STEP 2　情報を収集する
- 46 STEP 3　未来を動かす「ドライビング・フォース（原動力）」を特定する
- 50 STEP 4　未来を左右する「分かれ道」になるような要因を見つける
- 55 STEP 5　シナリオを考える
- 60 STEP 6　骨組みに肉付けし、ストーリーを描く
- 61 STEP 7　シナリオを検証し、追加の調査項目を特定する
- 62 STEP 8　シナリオの意味をくみ取り、取りうる対策を決める
- 62 STEP 9　目印を探す
- 63 STEP10　シナリオを観察し、更新する
- 67 未来のストーリーを生き生きと語る

CHAPTER 3
ケーススタディ

- 78　ケーススタディ①世界新聞協会
- 90　さて、どうする？
- 92　ケーススタディ②とある島国の国家産業機構
- 100　さて、どうする？
- 102　ケーススタディ③インド政府と世界銀行
- 110　シナリオ・マトリックス　第1回目
- 114　シナリオ・マトリックス　第2回目
- 121　エピローグ
- 122　ケーススタディ④ビジット・スコットランド（スコットランド観光局）
- 138　イラク戦争
- 145　シナリオを作る

CHAPTER 4
ブラック・スワン

- 154　必読書
- 158　歴史上のブラック・スワン
- 162　もしも……だとしたら？

CHAPTER 5
準備はいいか？

- 170　トレンド①人口動態——人材競争
- 172　トレンド②中国の独身男性——「裸の枝」
- 174　トレンド③都市化——巨大な器
- 177　トレンド④90代が60代になるとき
- 182　トレンド⑤教育を再定義する——少しずつ積み上げる
- 188　トレンド⑥ウェブ9.0——私たちをどう変えるか？

- 197　あとがき——考えられないことを考える
- 204　謝辞
- 206　訳者あとがき

問題は、未来が現在と違うことだ。
もし、これまでと違う考え方ができなければ、
かならず未来に驚かされるだろう。
ゲイリー・ハメル

INTRODUCTION
イントロダクション

Albert Einstein: World's Worst CEO?
世界最悪のCEO アルバート・アインシュタイン

1930年のクリスマス数日前。世界一有名な科学者、アルバート・アインシュタインは豪華客船でヨーロッパからニューヨークへと向かっていた。たまたまその船に乗り合わせたジャーナリストが、これ幸いとアインシュタインに取材を申し込むと、なんと受けてくれると言う。

1930年代初頭は、現代にもまして先が見えなかった。世界恐慌がはじまり、ファシストとナチスの影がヨーロッパ全域に忍び寄り、次の世界大戦が足音をたてて近づいていた。アインシュタインをこのうえなく尊敬し、彼こそ知性の塊——天才、ビジョナリー——だと思っていたジャーナリストは手帳を開き、単純だがきわめて当然の質問をした。「教授、未来をどう予見されますか？」

すると、思いがけない答えが返ってきた。というより、彼ほどの知性の持ち主にしては、とんでもなく能天気な答えだったのである。「未来？」アインシュタインは言った。

「未来なんて考えたこともないね。すぐにやってくるんだから」

えぇ？ 経営者がそんなことを口走ったらとんでもないことになる。すぐクビになるのでは？ 経営者でなくても、あなたが上司に聞かれてそう答えたとしたら？

上司「君、3か年計画はどうなってる？」
あなた「え、私に聞いてるんですか？ 未来なんて考えたこともありませんよ。そのうちやってきますから。大丈夫、なんとかなりますよ。へへへ」

そこのあなた、悪いことは言わない。転職の準備をしておいた方がいい。

本の冒頭から後ろ向きな話はよそう。そう、ここはひとつ前向きに。
アインシュタインが、「くよくよするな。気楽にいこう」と言ったのは、ある種の職業病なのかもしれない。仕事がら染みついたものの見方が高じて、偏狭になったとしても無理はない。おそらく科学者というものは、明日よりも今このときに集中する人種なのだろう。科学者がいちばん知りたいのは、「なにが事実か（つまり今目の前にある事実）」である。実験結果は自分の仮説を裏付けているか（今日の実験結果が大切）。データはなにを示しているか（5年、10年後にデータがなにを示すかなんて、どうでもいい）。

だから、アインシュタインのことは許してあげるとしよう。多少ピントがずれていてもご愛嬌だ。なにしろ物理学者であって、経営者ではないのだから。そう思えば、未来なんてなるようになるさという態度だって許される。

とはいっても、就職面接で、アインシュタインのように「未来なんてなるようになるさ」と言っていると、職にありつけない。重い責任を担うべき知的なビジネスリーダーが、こうした考え方をするとは思えない（し、そんなことでは昇進は望めない）。

なぜなら、経営は科学と違い、「すべてが未来に関わっている」からだ。

ビジネスマンとして、今あなたが下す決断のほとんどは、しかも大きな決断のすべては、将来あなたの会社の業績を左右するものだろう。今現在知りうるもっとも正確な情報にもとづいて（といっても、理想的な研究室の環境下で生み出される実験データの信頼性の足元にも及ばないが）、あなたは決断を下さなければならない。たとえば、

- 利益をどう増やすか……未来において
- 市場シェアをどう伸ばすか……未来において
- どのように新製品をポジショニングするか……未来のために
- 経営資源をどう配分するか……未来のために
- どう人材を発掘し、組織に溶け込ませるか……未来のために
- どのように顧客満足度を上げて、ファンになってもらうか……未来において

……そして、あなたの未来の競争優位性に影響を与える、その他の数えきれないビジネスの側面について。実際、ビジネスマンは未来のために生きているといっても過言ではないだろう。

だからこそ、未来がどのようになるかに思いを巡らす必要がある。なぜなら、それがあなたの生きる場所だから。勝ち残る必要があるのは、今この環境においてだけではない。未来の世界でライバルに勝たなければ長期的な成功はない。その世界はどんなものだろう？　それはだれにもわからない。だが、未来の世界があなたの仕事場なのだから、そのことを考えてみようじゃないか。

未来の世界を考えるとき、その範囲をあなたの会社や製品の未来に限定すべきではない。その先にあるビジネス環境全体を想像しよう。さらに、世界全体がどう変化するかを考えてみるのだ。未来がどう展開するかを、今日の世界と違う新しいビジネスの「景色」がどのように見えるかを、頭に思い描いてみよう。
知られざる未来の環境の中で、あなたの会社は勝ち抜かなければならないのだから。

この新しい環境では、景色ががらりと変わっているかもしれない。さらに、現在と未来の間に変わるのは、背景、つまりあなたの日々の存在を支える経済的・社会的状況、テクノロジー、政治、規制だけではない。闘うライバルが変わり、サプライヤーが変わり、もちろん消費者の態度や期待も大きく変わる。その中心となるのは、今はまだ嗜好や感覚や欲求の固まっていない若者だ。10年後にも成功していたいと思うなら、この若者たちに売り込み、彼らを採用し、彼らにひらめきを与えなければならない。

あなたが今後どんな変化に出会うかを知り、この先に続く道を早めに目の前に思い描いておけば、その環境がもたらす新たな競争や機会に対し、よりよい備えができるはずだ。

そうは言っても、（あなたの声が聞こえる）どんな未来が待ち受けているかなんて、だれにもわからない！　まだ目に見えないものをどうやって描けって言うんだ？　それに応えるのがこの本だ。この本が、起きうる未来の変化や機会に目を向けるプランニングの方法を紹介し、これまでと違う環境の中でライバルと臨機応変に闘うことを助け、ひとつの未来でなく、数通りの未来に備える手助けとなるだろう。

このプロセスをはじめるのは今しかない。アインシュタインが言ったように、結局「未来はすぐにやってくる」のだから。世界一の天才が言うことに間違いはないはずだ。

$$O = Mgh = \text{llg} \lambda \sin\theta \quad \frac{d\omega}{d\varphi} = -\frac{J}{r^2}\frac{dr}{d\varphi} \quad \frac{d^2w}{d\varphi^2} = \frac{1}{r^2}\frac{d^2r}{d\varphi^2}$$

$$k = \tfrac{1}{2}Mv^2 + \tfrac{1}{2}I\omega^2$$

$$\tfrac{1}{2}Mv^2 + \tfrac{1}{2}J\left(\tfrac{v}{R}\right)^2 = \tfrac{1}{2}Mv^2 + \tfrac{1}{2}\cdot\tfrac{2}{5}Mv^2 \quad \frac{d^2r}{dt^2} = -\frac{1}{r^2}\left(\frac{J}{\mu}\right)^2\frac{d^2w}{d\varphi^2} \Rightarrow \frac{d^2w}{d\varphi^2} + w$$

$$\vec{S} = \vec{N} \Rightarrow \left(\frac{dJ}{dt}\right)_0 = \frac{dJ}{dt} + \vec{\omega}\wedge\vec{S}$$

$$\vec{J} = \vec{N} \quad \Omega = \frac{I_3 - I_1}{I_1}\omega_1 \qquad k = \tfrac{1}{2}M\dot{x}^2 = \tfrac{1}{2}M[\omega_0 A$$

$$\vec{F} = \frac{C}{r^2}\vec{r} \quad \vec{F} = -\frac{dU}{dr} = \frac{C}{r^2} \qquad \langle K \rangle = \frac{\int_0^T k\,dt}{t_0} = \tfrac{1}{4}M\omega$$

$$U(r) = \frac{C}{r^2} \quad \frac{dU}{dr} \qquad \frac{\omega_0}{2\pi}\int_0^{2\pi}\cos^2\omega_0 t\,dt = \frac{1}{2\pi}\int_0^{2\pi}\cos^2\varphi\,d\varphi = \tfrac{1}{2}$$

$$\tfrac{A}{r} \qquad x = A\sin\omega_0 t \to U = \tfrac{1}{2}Cx^2 \quad \langle U \rangle$$

$$\frac{\omega_0}{2\pi}\int_0^{2\pi}\sin^2\omega_0 t\,dt = \tfrac{1}{2}M\omega_0^2 A^2$$

CHAPTER 1

「現在の呪縛」から逃れる

Is This Any Way to Plan?
これまでのプランニングのやり方でいいのだろうか？

ほとんどの組織には、なんらかの長期計画がある。
あなたの組織にもおそらくあるはずだ。

多くの企業は、プランニングに膨大な人手と時間を費やしているにもかかわらず、現在の延長線上に未来があると仮定した予測のもとに、最終的な戦略を策定している。つまり、今のこの状況がそのまま続くことを前提としているのである。それは都合がよすぎるのでは？
プランニングに携わる人間はきっと、いやいやそれは違いますと言うだろう。自分たちの仕事は、それより高度なものだと。「今の延長？　とんでもない！」そう言い切るはずだ。「侮辱もはなはだしい！　ただ過去のデータポイントを直線でつないで先に延ばしてるだけじゃないんだぞ！！」（なんて、実際にそんな言葉を使うかどうかは知らないが、おそらくそれが彼らの言い分だろう）

今日と明日はだいたい同じ

だが、それが彼らのやっていることだ。もっと正確に言うと、ほとんどの企業では2種類の類推が行われている。ひとつは数学的な類推だ。プランニングの専門家は当然ながら、「過去の類推」しかやっていないと言われればムッとするだろう。それならば、高校生でもエクセルを使えば10分でそれなりの見通しを立てられるからだ。過去数年間の数字を打ち込めば、それで終わりということになる。「オッケー。予測終わりっと。さっさと戦略計画を書いて、ゲームに戻ろうぜ」ってなものだ。
高給取りの戦略プランナーは、そんな風に思われたくないはずだ。
だが実際、彼らが反対しようとも、ほとんどの予測は数学的な類推の上に成り立っている。不測の事態に備えるために、プランナーは、紛らわしい言い方だが「シナリオ」を考えることもある。彼らの言う「シナリオ」とは、一連の変数を使って「もっとも可能性の高い」ケース、「ベストケース」、そして「ワーストケース」を示した個別予測だ。これらの「シナリオ」は、変数の一部か全部を上げたり下げたりして再計算し、はじき出された結果にすぎない。数字が下がれば、ワーストケース。数字が上がれば、ベストケース。これなら簡単だ！

そう。だから、それは結局、過去の情報をもとにした類推でしかない。といっても、ここに含まれるのは数値の類推だけではない。この種のプランニングには、もうひとつの類推が含まれている。他にいい言葉が思い浮かばないので、「心の類推」と呼ぶことにしよう。従来のプロセスでは、未来を形作るすべての要素がモデルの変数によって表されることを前提に計画や戦略が作られる。それで、「すべてを網羅した！」気分になっている。
だが、それは間違いだ。プランナーたちには見えていないのだ。自分たちが数字の遊びをしているというだけでなく、現在の延長線上に未来のビジネス環境の全体像を思い浮かべているということが。「エヘン、我々が思うに、明日は今日が少し変わっただけのものである。変数がどう変わるかによって、こっちが少し増えて、あっちが少し減るだけだ。なにもかもが今日と同じではないにしろ……まあ、だいたい同じようなものだ」。彼らはそう自分に言い聞かせている。

この考え方でいけば、翌月は今月とそう変わらず、来年は今年とそれほど変わらず、10年後も今とそんなに変わらないことになる。予測モデルにすべての「正しい」変数が含まれている限り、少しだけ数字をいじれば、現在から未来が引き出せるというわけだ。

この考え方は間違っている。そんな予測に頼っていたら、どんな組織でも取り返しのつかないことになってしまうくらい、大間違いだ。

予測モデルがどれほど精緻でも、変数の増減だけで未来の姿を予想することはすなわち、変数以外にはほぼなにも変わらないことを暗に前提としているのである。つまり、明日のリスクとチャンスは、今日のそれと似たようなものだと言っているわけだ。程度が違うだけ、ということになってしまう。それではあまりに乱暴すぎる。

まったくの的外れ

あまり変化のない世界なら、こんな未来予測のやり方で許されるかもしれない。だがそうは問屋がおろさない。私たちの生きている世界は変化に満ちているのだから。為替レートも原材料価格も市場シェアもその他の無数の変数も、上がることもあれば下がることもあり、また動かないこともある。しかし、これらのインプットをどれだけいじっても、新たなライバルの台頭や、これまでにないテクノロジーの出現や、まったく新しい市場の誕生は予想できない。そして、この種の出来事や展開こそ、企業の未来を形作る大きな要因となるのである。

ということは、予想できる範囲の継続的かつ段階的な変化をもとにして、綿密に描かれた戦略計画は、まったく使いものにならないとは言わないまでも、ビジネス環境に大きな不測の変化が起きれば、かならず的外れなものになる。

事実、こうして描かれた計画について確実に言えることがあるとすれば、「もっとも可能性の高い」シナリオは絶対に実現しないということだ。この予測を引き出しの中に入れておけば、気休めにはなるだろう。これがあれば、ものすごく安心できるし…心強いし…なぐさめられるし……うんぬんかんぬん。

でも、胸に手をあてて考えてほしい。こんなやり方で計画を立てていいのだろうか？ 2000年も前に、古代ローマの哲学者キケロは「現在の呪縛」について語っている。きわめて知的な経営者でさえ、未来を「あるひとつのテーマ」をもとに描いてしまう、つまり明日は今日の変化形でしかないと思い込んでしまうことを、キケロはそう言い表していた。

ベストケース、ワーストケース、もっとも可能性の高いケースの予測を手にすれば、経営者は、これから自分たちの闘う場所となる未来の姿を見ることができると思い込んでしまう。未来への道はきれいな直線だと自分を丸め込めば、その未来に起きることを自分たちがコントロールできると信じたとしても無理はない。

今日の環境をもとに明日の姿を描いて、未来のビジネス環境が見えたと思い込めば、それをもとに重要な決断を下すことになる。だが実際には、未来の環境は予想とまったく違うかもしれない。しかも、それは予測した変数が間違っていたからではなく、これまで頭の片隅にさえもなかった、まったく別の要因が登場したためかもしれない。

未来への道は、きれいな直線ではなく、まがりくねった道なのだ。その道はジグザクで、でこぼこで、穴だらけで、思いがけない行き止まりがある。ガードレールは壊れかけている。あなたを導く道しるべもほとんどない。その行程のほぼすべてを、地図なしで進まなければならない。偉大な経営学者である故ピーター・ドラッカーの言葉を借りれば、現在の延長線上に未来を予測することは、夜に後ろを見ながら車を運転するようなものだ。

それとは反対に、私たちは目の前の道がどこにつながっているのかを考える方法を探すべきなのだ。そのひとつの方法が、この「シナリオ・プランニング」である。

Don't Forecast the Future—Anticipate It
未来は予測するな！──想像しよう

経営者としてのあなたの仕事が、5年後、もしくは10年後にも競争力のある会社にすることなら、未来がその間にどう展開するかを思い描いてみることは、ただのお遊びではない。むしろ、それは不可欠なことだ。周囲の競争環境が一変するその未来において、あなたの会社にどんな挑戦が待ち受けているかを、今理解しておくことは欠かせない。

とはいえ、未来の景色を描くのに予測が最良の方法でないとしたら、どうしたらいいのだろう？　水晶玉ですべてを見通せる人などいない。先を読む方法など本当にあるのだろうか？

答えはイエスであり、ノーでもある。

ノーというのはつまり、未来が見える水晶玉などだれも持っていないということだ。来週のことでさえ確実に絶対こうなるとは言えない。10年後ならなおさらだ。

イエスというのは、未来を思い描くことを助ける方法が存在するという意味だ。もっと正確に言うと、未来を見通す助けになるというよりも、さまざまに異なる未来像を描く助けになる方法はあるということだ。今起きている出来事の展開次第で、「シナリオ」と呼ばれる未来像のどれが実現してもおかしくない。もちろん、その中のどれかが起きるという保証はない。しかも、それらのシナリオが正確であるとも言えない。少なくとも、細かい点は正確ではないだろう。だが、正確でなくてもいいのだ。それなりに起きる可能性がありそうないくつかの未来像を描き、その未来が実際にやってきたときに、柔軟に対応するための準備ができていることが大切なのだ。

これが「シナリオ・プランニング」と呼ばれる手法である。それは、戦略計画の土台を築く、生産的で、クリエイティブで、わくわくする手法だ──ひとつの「もっとも可能性の高いシナリオ」（今日の延長線上に導かれた予測）に会社の未来を賭けたりはしない。

「シナリオ・プランニング」は、未来のビジネス環境を現在見えているものの変化形として予測するものではない。それはむしろ、「もっとも起きる可能性の高い」未来が存在するという考え方自体に異を唱えるものだ。シナリオ・プランニングでは、確実に起きるひとつの未来は存在せず、さまざまに異なる未来の可能性がどの時点にも存在すると考える。どの未来が実際に現れるかは、今私たちの周りで起きているトレンドがどう発展するかや、この先どのような重大な出来事や変化が起きるかにかかっている。

このシナリオ・プランニングの過程から生み出されるのは、さまざまな未来のシナリオの組み合わせ（ポートフォリオ）だ。そして、それぞれのシナリオが、数年後の異なるビジネス環境を表している。その中で違うのは、ビジネス環境だけでなく、そこに生きるライバル、顧客、サプライヤー、社員、その他のステークホルダーもだ。当然、それぞれのシナリオの筋書きは劇的と言えるほど異なる。だが、この手法で描かれたどの未来も、現実になる可能性がある。このシナリオを念頭に置くことで、あなたとプランニング・チームは柔軟な戦略をじっくりと練ることができる。それは、どの未来が実際にやってきても──たとえシナリオが描いた未来とは違っていても──、その中で臨機応変に闘えるような戦略になるだろう。

したがって、このプロセスのいちばんの魅力は、なにが起きるか予想もつかない明日を見せてくれることではない。残念ながら、未知のものは未知のままだ。むしろ、シナリオ・プランニングは、起きるかもしれない（その可能性のある）未来のさまざまな姿に、あなたの目を向けさせてくれることに意味がある。そしてその知見によって、あなたはより柔軟で、より思慮深く、より良い判断を下せるようになるだろう。

「そんなことが起きるなんて思いもよらなかった！」

正しいだけじゃダメなんだ

手垢のついた言葉かもしれないが、ビジネス環境において長期的に信じられるただひとつのものは、永遠に続く「変化」である。あいにく、従来の予測はあなたを待ち受ける大きな未来の環境変化について、おぼろげなイメージしか与えてくれない。起きうる変化の大きさを十分に捉えることができないのだ。しかも、そのいくつかは、会社の将来の成功に大きく影響する……あるいは、失敗にもつながる。

きわめて稀な例を除けば、企業破たんの原因は、翌年の金利予測に失敗したからでも原油価格を見誤ったからでもない。たいていは、競争環境が自分たちに不利な方向に大きく変わることを思い描けなかったからだ。予期せぬ新しいテクノロジーが登場することもあれば、新たなライバルが現れることもあれば、厳しい規制がかけられることもある。市場の好みの変化を感じとる想像力がないだけかもしれない。その場合、だれかがその市場のニーズを埋めることになる。

こうした状況で不意打ちを受けた企業は、対応しようとしても時すでに遅しということが少なくない。企業の墓場には、ビジネス環境の変化に対する備えのなかった企業の屍が累々と転がっている。いくつか例を挙げてみよう。

ポラロイド

50年にわたり、ポラロイドはインスタント写真の代名詞だった。この会社はまさに、撮ったその場で見られてフィルム代を支払う必要のないデジタル写真の台頭を予期できず、2001年に倒産を発表した。

サン・マイクロシステムズ

失敗と言えるだろうか？ サンは2010年に74億ドルでオラクルに買収された。それだけなら、失敗には見えないかもしれない。だが、その数年前のピーク時に記録した2000億ドルの企業価値に比べると、この買収価格はかなり見劣りする。1980年代と90年代のITブームにおけるもっとも偉大なイノベーターの1社だったサンは、ハードウェアからソフトウェア中心の戦略への移行に失敗した。ハードウェアに執着しすぎて、サンの経営陣のひとりに言わせれば、「オープンソースの破壊的な力を理解できず、それに気づいたときにはもう手遅れだった」のだ。

スイス航空

スイス航空は、何十年間も世界最高の航空会社として知られていた。しかし、膨大な資金を投下してヨーロッパの中小地域エアラインの買収戦略を進めていたところ、予期しなかったふたつの出来事が起きた。ひとつは、格安航空会社イージージェットの参入。もうひとつは2001年9月11日の同時多発テロである。航空需要は激減し、すでに落ち込んでいたスイス航空の利益とキャッシュフローは破滅的な打撃を受けた。スイス航空は借入金を返済できず、主力銀行から思いがけず追加融資を断られ（これが3つ目の予期せぬ打撃となった）、八方塞がりとなった。それから6カ月もしないうちにかつての誇り高き航空会社は清算へと追いやられた。

The last flight

ボーダーズ

大規模書店チェーンというコンセプトの先駆者だったボーダーズは、2011年にその幕を下ろすこととなった。この会社はインターネットがもたらした、ふたつの変化に対応できなかった。オンライン書店との競争と、電子書籍の台頭である。ある顧客はこう言った。「寂しくなるね。でも、もう文庫本を買うことはないだろう。その必要はないから」。ボーダーズは、はたしてこの読書習慣の変化に適応できた可能性があったのだろうか？ それはだれにもわからない。だが、ライバル書店のバーンズ・アンド・ノーブルは、今のところなんとかしのいでいるようだ。

ナップスター

ナップスターは、ここに挙げた他の企業とは毛色の違う事例だ。この会社は、個人間のファイル共有サービスを禁止する訴訟により、事業の継続が困難になった。この訴訟は、著作権で守られた楽曲の違法流通を阻止するのが狙いだった。これは、経営陣が重大な法的環境の変化を予測できなかった、もっとも有名な事例と言えるだろう。

「こんなことが起きるなんて思いもしなかった。でも起きてしまった」
企業の歴史を振り返るとき、これほど悲しい言葉はないはずだ。

It's a Leadership Issue
未来はリーダーシップにかかっている

どこへ向かっているかが見えなければ、どうやって人を導くことができるだろう？

イントロダクションで書いたように、アルバート・アインシュタインは未来を思い悩むのは時間の無駄だと思っていた。彼にとっては、現在と、今ここで得られる知識の方が、はるかに興味深かったのだ。科学者としては、それが世界に対する当然の見方だった。今このときがなによりも大切なのだ。未来は待ってくれる。アインシュタインはそう思ったに違いない。

この考え方は、アインシュタインにとっては当たり前でも、経営者にとっては深刻なリーダーシップの欠如と言える。ビジネスの世界でこのような考え方をする人に、企業を導くことはできないだろう。そんな人は社員食堂を管理できればいい方で、予期せぬ未来に向けて企業を偉大な組織へと導くことなどとてもできないはずだ。今日の就業時間以降のことも考えられないような人が、今から5年後、10年後の会社の理想の姿を掲げ、その理想を支えてもらうよう（役員は言うまでもなく）仲間を説得できるはずがない。

そのような経営者は、いつまでたっても起きたことに反応するだけで、起きることを予期しようとしない。だが、未来に備えることこそが、長期的に企業の成功可能性を上げるためにビジネスリーダーが持つべきスキルである。未来への理解があってこそ、自信を持って来たる変化に備えるための決断を下すことができる。

リーダーシップの本質とは、絶えず未来に挑み続けることだ。つまり、未来の可能性を理解し、新たな未来の環境の中で自社が果たす理想の役割を周囲に伝え、チームを鼓舞してその理想像を実現する手助けをしてもらうことなのだ。

だとすれば、シナリオ・プランニングは、マネジャーのためだけのものではなく、リーダーにとっても欠かせないツールだと言えるだろう。それは、未来の姿を目の前に浮かびあがらせ、その時がやってきたら成功できる戦略を作り上げる助けになる。

Scenarios ≠ Predictions!
シナリオ ≠ 予知

シナリオ・プランニングとその仕組みを説明する前に、よくある誤解を解いておこうと思う。

シナリオ・プランニングは、ピンポイントの未来像を予知するものではない。それができるのは、ノストラダムスくらいのものだろう。
シナリオ・プランニングとはむしろ、現実に起きそうなさまざまな未来の姿を描き、探求するものである。この考え方から生まれたシナリオ（このあとすぐに描くように、かならず複数のシナリオが存在する）は、不測の出来事によって未来になにが起きうるかについての、賢い目安となる。

現在のトレンドと今後の展開を組み合わせることで、ある種の未来をより可能性の高いものとして浮かびあがらせるのが、シナリオ・プランニングである。つまり、シナリオとは市場と環境要因を組み合わせた未来の全体像がどのように見えるか、どのように感じられるかを描いた物語とも言える。
といっても、シナリオは、ある決まった未来が実際にやって来るという予言ではない。もしそうならすごく簡単なのに！

シナリオ・プランニングの過程を経験すれば、「未来を予測することは不可能でも、無数の力がお互いに交わり影響し合いながら、未知なる未来にむけて組織を動かしている」ことが見えてくる。それは、謙虚な姿勢の表れでもある。これまで社内であらゆることを一刀両断にしてきたワンマン経営者にとっては、簡単ではないはずだ。シナリオ・プランニングを最大限に活かすには、あなたがしてきた判断を未来に任せなければならないのだから。

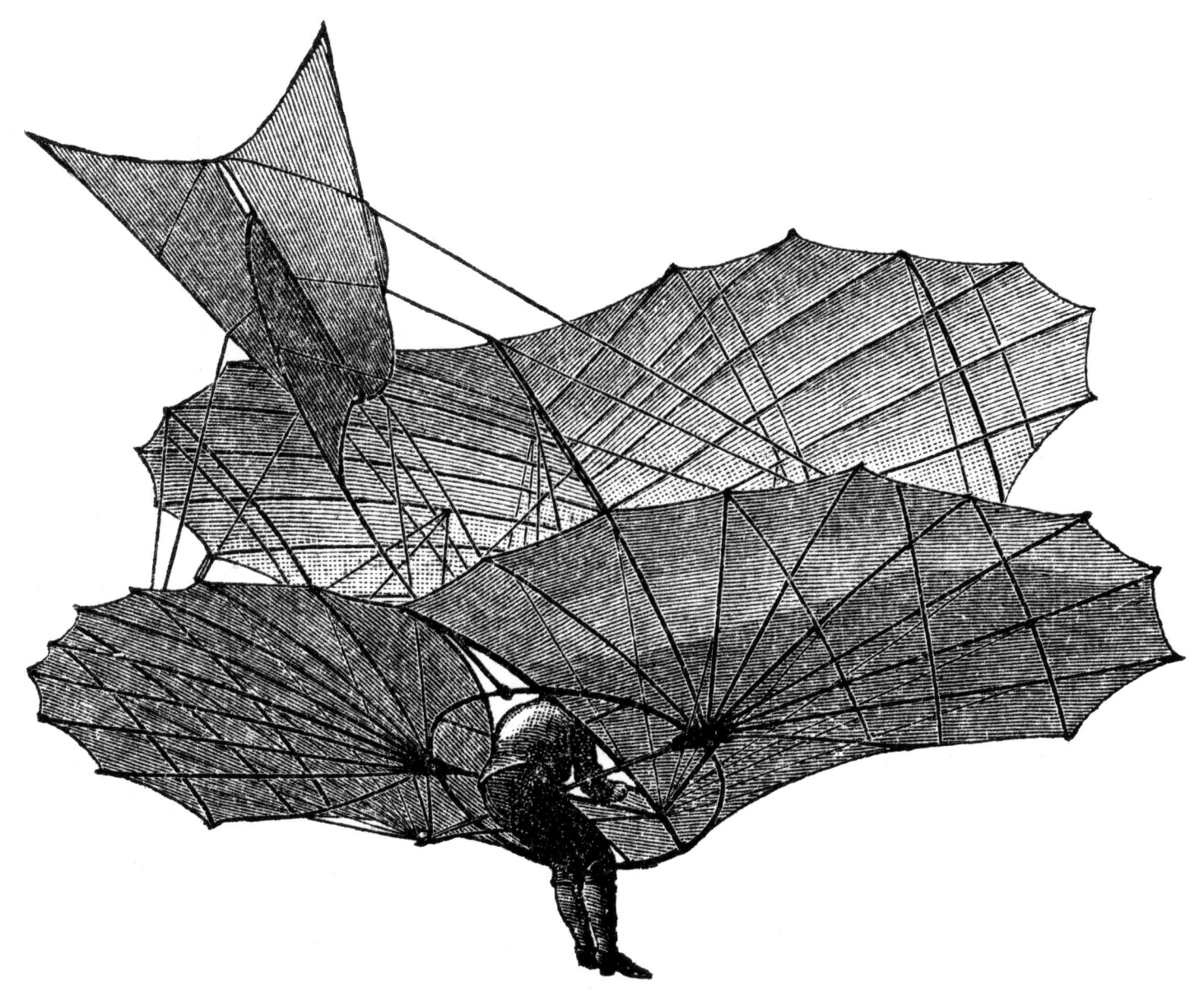

はやりもの？* すぐに廃れるに決まってる！

存在しない市場をどう分析できるのだろう？　答えは「できない」だ。レーダーをかいくぐって気づかぬ間に市場シェアを奪っていく破壊的な新製品の脅威を、多くの企業が見逃してしまう理由もそこにある。新参者は、新しもの好きのニッチな顧客に売り込んでいるだけかもしれない。伝統的な大企業は、万一新参者に気づいたとしても、それは深刻な脅威ではなく、一過性の「はやりもの」だと自分たちを納得させるものだ。

だが、この「はやりもの」がニッチな顧客から主流の顧客へと移行し、大企業の製品に取って代わり、最後に大企業はライバルに後れをとるまいとしてその「はやりもの」の模造品を販売せざるを得なくなる。たいていその頃には、大企業が市場の主導権を取り戻すには手遅れになっている。
なぜ企業はそんなふうに自分をだますのか？　クレイトン・クリステンセンは、著書『イノベーションのジレンマ』（翔泳社）で、この失敗について掘り下げている。要約すると、こういうことだ。

・大手企業は、従来の市場調査のツールとテクニックを使って主要顧客からフィードバックを集める。「この新製品に興味がありますか？　ない？　あぁ、それならよかった」。だったら問題なしというわけだ。問題は、最大手顧客の反応を調べても、新製品の潜在的な力を見出すことにならないということである。なぜなら、破壊的な新製品にいちばん最後に乗り換えるのが、まさにこの顧客たちだからである。言い換えれば、自分たちの市場調査を信じてはいけないということだ。それを信じると、墓穴を掘ることになる。

・大手企業が市場規模や成長性といった従来の評価基準にもとづく意思決定に時間を使っている間に、破壊的な新製品はレーダーに引っかからないような小さな規模で市場に侵入してくる。新規参入者は、ほとんどの場合つかみどころがなく、予測できない。従来の測定ツールでは彼らを見逃してしまうか、少なくともそれが及ぼす影響を見誤ってしまう。

・大企業は、たいていの場合大きな市場に力を注いでいる。それは当然だ。大きな市場こそ、大企業にとって成長と高いリターンが望めるのだから。反対に、破壊的なイノベーションは、市場の中のニッチな利益率の低いセグメント、つまり目立たず、魅力的でもないセグメントに参入することが少なくない。しかも、新規参入者は、この事業の足がかりをつかむまで利益を諦める覚悟でやっていることもある。大企業は、自分たちの市場への脅威が現実のものとなるまで、なにが起きているかに気づかない。

これらは結局ひとつのことを指している。すなわち、現時点における最良の予測でさえ、小さな破壊的イノベーションが未来に及ぼす影響を捉えられないということだ。しかし、破壊的な新製品がもし市場に登場したらなにが起きうるかと自問し続けていれば、その状況がきたときによりよい備えができているはずだ。
企業は、こうして「もしもの場合」を定期的に自問しなければならない。ここでもまた、シナリオ・プランニングが役に立つ。

* あなたの選んだ「はやりもの」をここに入れるといい。PC、ケーブルテレビ、デジカメ、DVD、電子書籍、iPod などなど……。

ふたつの未来

あなたが、究極に単純な環境で企業を経営していると想像してみよう。この仮想世界では、勝ち負けに関わる変数はただひとつしかない。その変数は、赤か、黄色かのどちらかになる。赤なら、会社は大成功する。もし黄色なら、逆風の中で苦戦を強いられる。

もう少し話を面白くするために、この赤か黄色の変数は今のところあやふやなオレンジ色で、1年後にならないと、赤のシナリオになるか黄色のシナリオになるかわからないと仮定しよう。しかし、かならずどちらかになる。今はどちらかわからないだけだ。

この状況で、あなたならどんな戦略を策定するだろう？ まともな経営者なら、会社の未来をどちらか一方のシナリオに賭けるのは危険すぎると思うはずだ。ならば、赤にも黄色にも対応できる戦略を立てようとするだろう。つまり、1年後にどちらのシナリオに転んでも素早く対応できるような、臨機応変な計画を策定するということだ。

というと、実際にはどうしたらいいのだろう？ 常にアンテナをはり、オレンジ色がだんだんと赤または黄色になりそうなときを目ざとく捉え、もし運よく赤のシナリオに転びそうならすべての事業要素を配置すべき場所に据えてチャンスを活かし、もし黄色のシナリオが起きそうなら身を守る計画を急いで実行するということだ。

言い換えれば、現在の環境にもとづいて計画を立てるよりも、未来は複数の方向に展開する可能性があり、さまざまなシナリオが起きうることを念頭に置いて計画を立てる方がいいということである。赤になっても、黄色になっても対応できるように。今日の状況を明日に引き延ばして未来を描くとどうなるか、考えてみてほしい。今日の状況の分析から導かれる未来は、赤と黄色のシナリオではなく、濃いオレンジ色だろう。

だが、このオレンジ色が一時的な状況だということはわかっている（そう決めたからだ）。

実際には、ふたつのシナリオのうちのひとつ、すなわち赤か黄色が現れる。あなたの戦略がオレンジ色の未来を前提にしていると、赤のシナリオが起きたときには弱い立場に立たされ、黄色になったとしても、同様に弱い立場に立たされる。

プランニングのチームは、オレンジがいちばん可能性のあるシナリオだとあなたを説得しようとするかもしれない。それも無理はない。これまでずっとオレンジだったのだから。しかし、物事がオレンジのままであることに賭ければ、次善の結果しか生まれない。なぜなら、どちらの結末（赤でも、黄色でも）が訪れても、あなたには不意打ちとなるからだ。そうなれば、あなたは、あわてて間に合わせの手を打つことしかできず、前もって準備した戦略を冷静に実行することはできない。

もちろん、この例は単純化されすぎている。現実はもっと複雑だ。とは言え、それほど複雑でないこともある。さきほどの仮想の事例にかなり近い現実の例をここで紹介しよう。

1999年、息子のマルコムは9歳になった。誕生日に、息子は伯母から『ハリー・ポッターと秘密の部屋』という分厚い単行本をプレゼントされた。ハリー・ポッターっていったいだれだ？ ハリー・ポッターシリーズの1作目はそれ以前に出版されてはいたが、1999年にはまだ、マルコムも私もハリー・ポッターを知らなかった。2年後に映画が封切られ、（洞窟に住んでいるのでなければ）だれもがこの原作の存在を知り、「ハリポタ」は全世界的な現象になった。マルコムは、その年齢の男子の例にもれず、夢中になった。だが、なぜか本の方は読まずに本棚に置いたままだった。それから3年が経ち、さらにこのシリーズの書籍と映画が公開された。ある日、マルコムは興奮しながら、彼のハリー・ポッターの本がコレクターアイテムになっていることをネットで発見したと言った。あの誕生日プレゼントは初版本で、同じ本がネットで300ドルで売られていると言う。

「すごいじゃないか！」と私は言った。「で、売るの？」

マルコムは、「パパばかじゃない？」とでも言いたげな視線を私に向けた。息子は頭の中で計算していたのだ。1999年に17ドル90セントだったものが今（2004年）300ドルなら、単純に計算すると2014年には8万3700ドルになるはずだ、と。

> Summary: When the Chamber of Secrets ... Hogwarts School for Witchcraft and Wizardry, second-year student Harry Potter finds himself in danger from a dark power that has once more been released on the school.
> ISBN 0-439-06486-4
> [1. Wizards — Fiction. 2. Magic — Fiction. 3. Schools — Fiction.
>   4. England — Fiction.] I. Title.
> PZ7.R7968Har   1999
> [Fic] — dc21   98-46370
>
> 10 9 8 7 6 5 4 3 2 1   9/9 0/0 1 2 3 4
> Printed in the U.S.A.   37
> First American edition, June 1999

そこで私は眉をしかめたかもしれないが、息子はかまわず続けた。「パパ、すごいんだよ！ 2024年には、2334万3000ドルになるんだ。ぼく、大金持ちになれるんだ！」 マルコムは踊り出した。

悲しいかな、息子は恐るべき類推の落とし穴にはまってしまっていた（仕方ない。なにせまだ14歳だったのだから）。間違いを説明する悲しい仕事は、僕が引き受けることになった。そう、確かに本の価値は初めに比べてずい分と上がったけれど、この直線的な値上がりが永遠に続くわけじゃないんだ。今後いつかの時点でこの本をいちばん高い値段で売るための戦略、というか計画を立てたほうがいいんじゃないかな、と私は言った。パパが助けてあげるから。シナリオ・プランニングの練習にもなる。

そんなわけで、私と息子はシナリオ・プランニングに挑戦することになった。まず目標を決めた。できるだけ高い値段でこの本を売ること。つまり、マルコムの「本」はある意味「ビジネス」の代わりで、私たちふたりはその価値を最大化しようとしていたと言ってもいい。私たちはまずはじめに、どの要因がこの「ビジネス」の価値を高めるかを見つける必要があった（すなわち、長期的な成功確率を左右する要因だ）。マルコムの場合は、最高値で売るために息子が果たすべき条件を探すことがそれにあたる。マルコムは、すべてはふたつのことにかかっていると考えた。ひとつは、本が新品同様の状態であること。そちらはまったく問題がなかった。息子は本の状態を完璧に保っていた。しかし、もうひとつはややこしかった。ハリー・ポッターはまだしばらく人気が続くだろう。しかも、ものすごい人気が続くはずだ。だけど、それがどのくらい続くのだろう？ 本の価値に影響を与えるような、人気に関連するシナリオにはどんなものが考えられるだろう？

私たちは、未来のシナリオはふたつあると考えた。先ほどの赤か黄色の例に少し似たものだ。ひとつ目のシナリオを、私たちは「ビッグ・ハリー」と呼んだ。ハリー・ポッターが、この先しばらく大人気を保ち続けるだろうとするシナリオである。このシナリオでは、本の価値は上がり続けるはずだ。

もうひとつは、私たちが「フェイドアウト」と名づけたシナリオだ。こちらのシナリオでは、ハリー・ポッター現象は廃れる。そうなると、本の価値はかならず下がる。しかも、急落する。

というわけで、マルコムが取るべき価値最大化の柔軟な戦略がここではっきりした。ヒット作がつぎつぎと生み出されている今この瞬間は、「ビッグ・ハリー」のシナリオが進行中だと考える。したがって、マルコムのとるべき行動は、本をきちんと保存し価値が上がるのに任せることだった。

しかし、遅かれ早かれ「フェイドアウト」のシナリオが現れるはずだ。ハリー・ポッターが永遠にベストセラーリストの1位を維持し続けることはありえない。では、いつそれが起きるのだろう？ それはわからないが、マルコムはその時に備えなければならない。つまり、シナリオが変わったとき、それを示す信号を環境の中に読み取る必要があるということだ。

その信号とはなにかを見つける必要があった。私たちが思いついたのは、これだ。まず、J・K・ローリングが次々にハリー・ポッターの新刊を出版し、それが即ベストセラーになっている間は、「ビッグ・ハリー」のシナリオが進行中だと思っていい。シナリオの転換を示すひとつの兆候は、ハリー・ポッターの新作が旧作よりも売れなくなることだろう。

つぎに、私たちは本よりも映画の方が、ハリー・ポッター人気の継続に大きく関係すると判断した。本の売上よりも映画の興業収入の方がハリポタ人気をより正確に占うものだとすれば、ここに注目すべきだ。ハリー・ポッターの新作映画の初週末の興行収入が前作を下回れば、「フェイドアウト」が始まっていると考えて、本の価値が下がる前に売ろうと決めた。

それから、いつかはハリー・ポッターの映画に終わりがくることもわかっていた。2004年にこの話をしていたときは、それがいつなのかはわからなかった。作者のJ・K・ローリングはあと5作書くのか？ 10作か？ 20作か？ まったくわからなかったが、永遠に続かないことは確かだった（悲しいが、仕方がない）。いつかは「フェイドアウト」シナリオがやって来ることを前提に、マルコムは最後の映画が封切られたら、2か月以内に初版本を売ることに決めた。

その後の7年間、ハリー・ポッター製造装置はスケジュール通りに次々と本や映画を生み出した。映画はどれも大ヒットとなり、マルコムは戦略どおりただ本を持ち続けていた。マルコムがコレクター商品のウェブサイトをチェックすると、やはり本の価値は上がり続けていた。
2011年の夏、ついに最後のシリーズ映画『ハリー・ポッターと死の秘宝Part2』が封切られた。21歳になっていたマルコムは、はるか昔、2004年に立てた計画に沿って、初版本をインターネットに出品し、数週間後に1600ドルで売った。それは1999年の小売価格の89倍の値段だった。

つまるところ、プランニングとは？

「未来はわからないが、とりあえず計画を立てなければ」
それは、経営者に共通の悩みである。

この矛盾をどう解決したらいいのだろう？　この世界が完璧なら、未来を予測することが理にかなっている。未来を正しく予測すれば、あとはすべてうまくいく。とても単純だ！　だが、世界は完璧ではない。周囲のすべてが絶えず急速に変化しているこの世界の中で、だれに未来を予測することができるだろう？　いずれにしろ、未来は、今もまたこれからも、永遠に未知のものであり続けるはずだ。

だがしかし、先が見えないからといって、未来に備える責任から逃れられるわけではない。ウィスキーをひっかけて自分を慰める前に、まずやるべきことはなんだろう？　私が思うに、まずはものの見方を根本から変えてみることだ。完璧な予測が不可能なら（不可能なことはわかりきっている）、その予測にもとづいた計画は役に立たない。その厳しい事実に向き合い、受け入れることだ。

この事実を受け入れたら、そこから本当のプランニングが始まる。私の言う「本当のプランニング」とは、未来が**どうなるか**を当てようと必死に努力するのをやめて、未来が**どうなりうるか**を理解するために力を注ぐことだ。無数のトレンドがどう展開するかは現時点ではすべて未知数だが、トレンドの展開次第で物事はまったく変わる。言い換えれば、複数の未来が可能だということだ。このきわめて重要な考え方を受け入れれば、プランニングが未来を「予測」することではなく、実際にどの未来が訪れても、それに「準備」することだとわかるだろう。

この新しい思考の枠組みにおけるプランニングの役割とは、起きうる未来を探り出し、それらの未来がもたらすチャンスと脅威に柔軟に対応するための施策を戦略に取り入れることだ。探索と準備。それこそがプランニングの本質である。

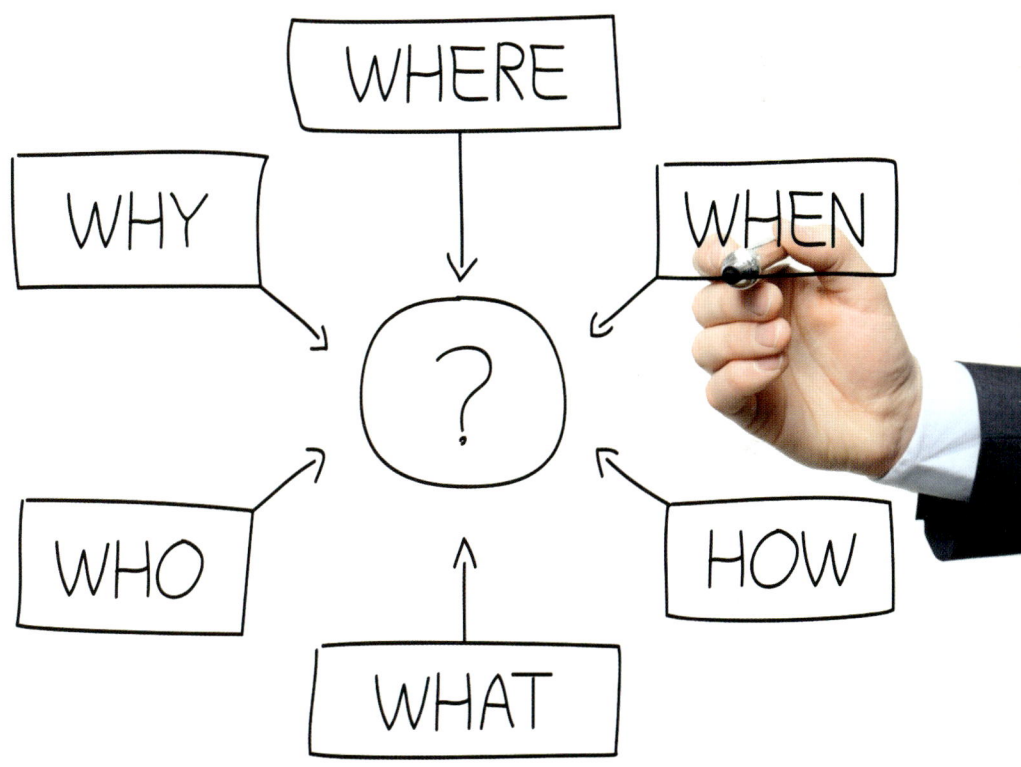

新しい高速道路

こんな話を聞いたことがありませんか？

ビルが経営するガソリンスタンドは、繁盛していた。町の北を通る古い高速道路にはそこしかガソリンスタンドがなかったからだ。だが、町の南を通る新しい州間道路が建設されると、だれも古い道路を通らなくなった。6カ月後、ビルは破産した。

よくある話？

あなたの事業は、ビルのガソリンスタンドと同じくらい脆いのでは？ もし、事業の成功が、あなたの力の及ばないひとつかふたつの環境要因に大きく左右されているなら、そうだと思っていい。もしその要因があなたに不利に動いたら……どうしよう！ 一巻の終わりだ。

自分の会社の弱点について考えてみよう。ひとつかふたつの外部要因が思いがけず不利な方向に動いたら、たちまち倒産しかねないのでは？
あなたにとっての「新しい高速道路」はなんだろう？ それを知るべきではないだろうか？ そのシナリオが起きたときのために、備えておいた方がいいのでは？

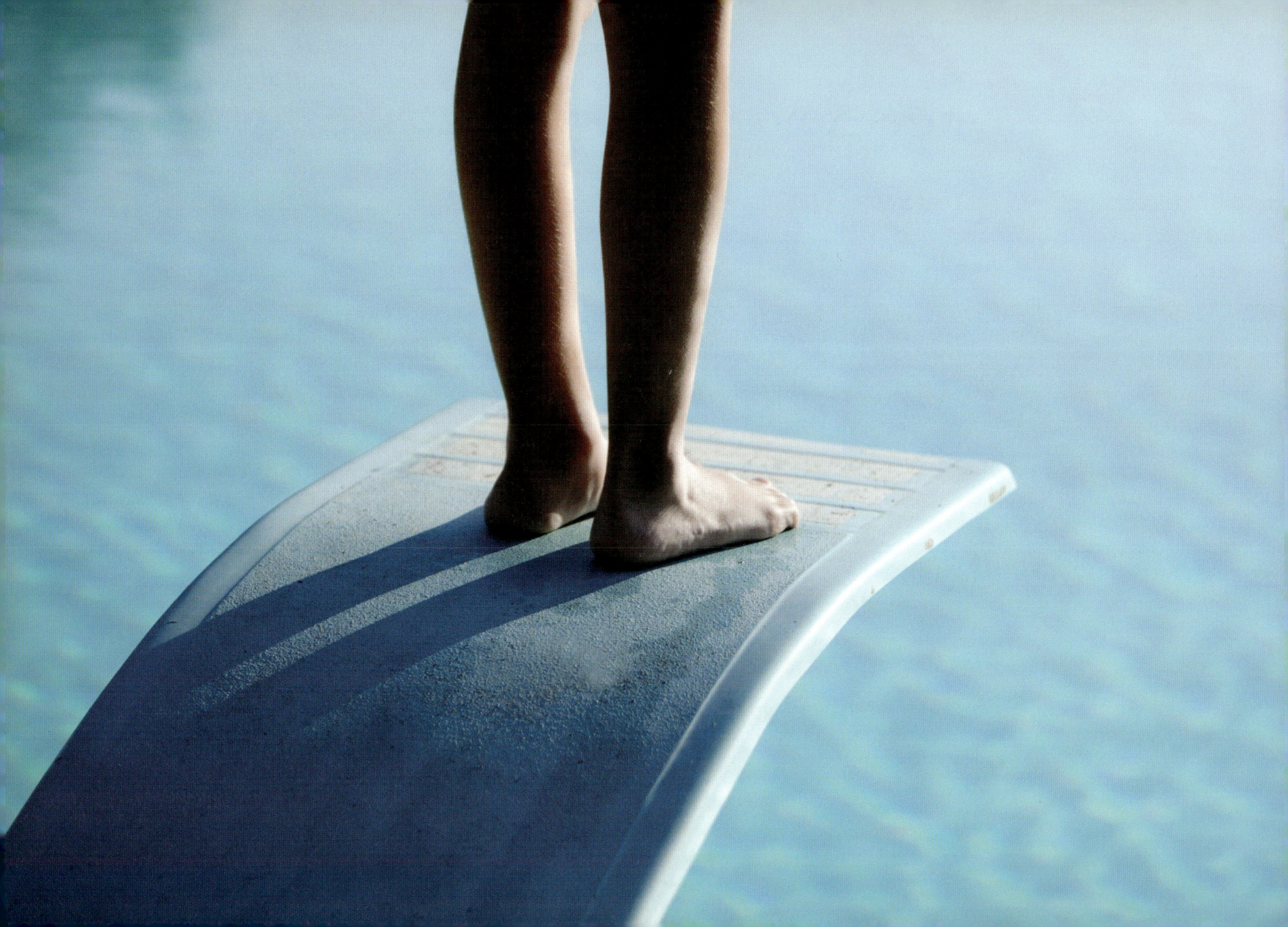

人生は、チャンスによって形作られる。
失われたチャンスもまた、
人生を作るものである。
F・スコット・フィッツジェラルド

CHAPTER 2
シナリオ・プランニングの作法

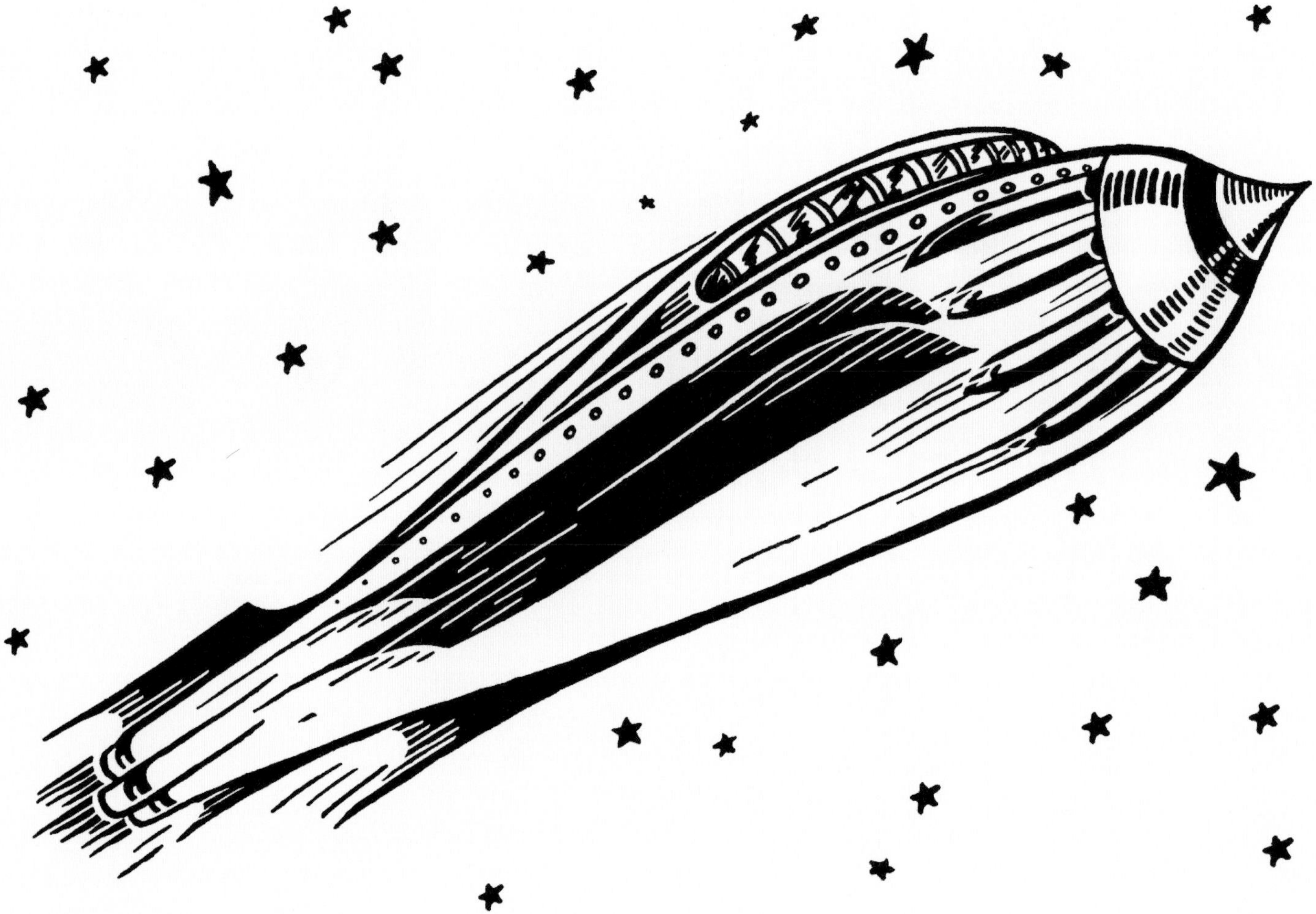

Rocket Science?
ロケットサイエンス？

シナリオ・プランニングはそれほど精密な科学ではない。

では、実際にはなにをどうすればいいのだろう？　だれにでもできることなのか、それとも未来学の博士号が必要なのか、はたまた達人のもとで5年間修行すべきなのか、鉄の意志を持っていないとだめなのか、パイロットの資格でも必要なのか？　シナリオ・プランニングの基本的なテクニックの多くは、指導者がいなくても身につけられる。しかし、どんな知的なプロセスもそうであるように、シナリオ・プランニングにも経験と専門知識がとても大切だ。だから、注意書きを掲示するようなことはないにしろ（「よい子はおうちで絶対に試さないでください！」なんて言わないが）、この手法を最大限に活用したければ、専門家の助けを借りた方がいい。

第2章では、シナリオ・プランニングのプロセスをたどる。博士でなくてもしっかりとしたシナリオを作れることがわかってもらえるはずだ（だが、私の企業秘密を気前よく明かしすぎないように気をつけないと。国際シナリオ・プランナー協会からお叱りの手紙が来るやもしれない。最悪の場合には、会員資格をはく奪されるなんてことにもなりかねない）。

シナリオ・プランニングのプロセス

シナリオ・プランニングのプロセスやワークショップについて、特に「これ」と決まったやり方があるわけではない。シナリオ・プランニングにはさまざまな形があり、多くの専門家が独自の手法を編み出してきた。ファシリテーターをつとめる専門家の好みと経験によって、進め方はそれぞれ違ってくる。

「これ」と決まったやり方はないが、専門家が行うシナリオ・プランニングのプロセスは、だいたい同じような筋道を経る。つまり、なんらかの形で次の6つのステップに従うのである。

1　課題を設定する
2　情報を収集する
3　未来を動かす「ドライビング・フォース（原動力）」を特定する
4　未来を左右する「分かれ道」になるような要因を見つける
5　シナリオを考える
6　骨組みに肉付けし、ストーリーを描く

この手順どおりに進めていくと、いくつかの詳細なシナリオができあがる。それらを磨かなければいけない。シナリオに現実的な価値を持たせたいなら、さらにいくつかのステップを踏む必要がある。

7　シナリオを検証し、追加の調査項目を特定する
8　シナリオの意味をくみ取り、取りうる対応を決める
9　目印を探す
10　シナリオを観察し、更新する

このプロセスの最終的な目的は、これらのシナリオを使って、よりよい戦略を策定することだ。

参加者は？

シナリオ・プランニングは、ほぼかならず集団で行われる。人数は、9人または10人から、30人までといったところだ。ひとりのファシリテーターで12人程度までまとめることができる。それ以上の人数なら、ある段階でファシリテーターを追加して

少人数のグループで話し合うことをお勧めする。それぞれのグループに、だれかがついて指導すべきである。

参加者選びは非常に重要なので、真剣に考える必要がある。シナリオ・プランニングの価値を最大限に引き出すには、率直で、知的で、やる気に満ち、想像力豊かで、戦略的な思考ができる人々がシナリオ作りに参加しなければならない。

しかし、それだけでは足りない。シナリオ作りに関わる人は、優秀なコミュニケーターでなければならない。アイデアをまとめ、それを他者にわかりやすく説明できる人でなければならないのだ。また、異なる考え方や興味をもつ人々を集める必要がある。多様な経験と視点が、このプロセスには欠かせない。多様性のない集団は、上司の考えに従うだけになりがちだ。多様な人々が参加することで、それぞれが自分の興味と視点に正直になれる。

最後に、シナリオ・プランニングの参加者は、周囲に尊敬されている人でなければならない。この点は、なによりも強調しておきたい。他の参加者に信用されない人や、口を開く前になにを言うかわかりきっている人を選んではならない。といっても、全員が上級管理職である必要はない（むしろ、**全員が上級管理職でない**ほうが望ましい）。グループの中でいちばん偉い参加者といちばん下っ端の参加者の間に大きな階層の差があったとしても、すべての参加者はお互いの立場と意見を尊重しなければならない。

シナリオ・プランニングの参加者が尊敬される人物でなければならないもうひとつの大切な理由は、結果が社内外、またはその他の関係者に伝えられたときに、その方が賛同を得やすいからだ。なんといっても、シナリオ・プランニングはあなたの組織の未来の方向性について大胆な決断を下すためのツールである。ということは、多くの人にとって、それは大きな賭けとなる。シナリオ・プランニングの結果が明らかになったとき、自分が未来の「勝者」になると思う人もいれば、「敗者」になると思う人もいる。シナリオ・プランニングのチームが周囲に尊敬されていれば、そんな見方を一蹴できる。場合によっては、悪い知らせも受け入れやすくなる。

STEP1　課題を設定する

シナリオ・プランニングを利用して組織の未来がどうなるかを考え、選択肢をよりよく理解しようと努める理由はさまざまある。その理由は、なんらかの形で企業戦略に関わっていることがほとんどだが、（企業以外の）さまざまな集団が、この手法を利用して異なる課題を深く探ろうとする場合もある。

もっとも一般的なシナリオ・プランニングの活用法は、組織全体の使命に関わる未来のチャンス（と脅威）を知ることだ。

- 産業団体：その産業の未来に、どのような可能性があるか？
- 新興国：今後20年にわたって輸出を拡大し続けるには、国家としてなにに投資すべきか？
- ワイン生産家：この市場に起きている変化を考えたとき、未来の商品ポートフォリオはどうなるだろう？
- 州知事とその政策立案チーム：都市開発をこのまま進めた場合、今後10年間に農業生産にどんな影響があるか？

特定のプロジェクトまたは目標に関係するシナリオだけを探りたい場合もあるだろう。

- 健康食品企業：自社のヒット商品を新しい地域に導入するにはどうしたらいいか？
- ホテルチェーン：採用と人材確保でライバルに差をつけるいちばんいい方法はなにか？
- スポーツ用品メーカー：イギリスで1位の座を守るためにはどんな方策があるか？
- アメリカの町議会：大規模な空港建設に向けた町民の合意を取り付けるにはどうしたらいいか？

危機的状況への解決策を探るために、シナリオ・プランニングを利用する場合もある。

- 航空会社：自分たちのドル箱ルートに格安航空が参入した。どう対応すべきか？
- 地方銀行：施行されたばかりの新たな銀行規制は、より大きな金融機関との競争にどう影響するか？
- 特殊品メーカー：この会社の製品の核となる原材料の価格が急騰している。未来の戦略にこれがどんな意味をもつか？

いずれの状況でも、シナリオ・プランニングを利用して起きうる結果を探ることは大切である。これを通して、組織はより柔軟な戦略と現実的な解決策を見出すことができるだろう。重要なのは、シナリオ・プランニングを、ここに挙げたような課題に答えるための演習として位置づけることだ。「自分たちが直面する問題にどう対応するか」という質問に答えるためにシナリオ・プランニングを利用する方が、「これがまさしく未来の姿だ」というより、はるかに現実に即した知見を得られるはずだ。

課題設定でのもうひとつの大切なポイントは、時間軸を定めることである。戦略的な解決策と計画を作るにあたって、その実行を完了する時間軸を決めること。そして結果を示すこと。

課題と解決策の両方に関わるステークホルダーがだれなのかをはっきりさせておくこともまた大切だ。彼らがシナリオ・プランニングの参加者である場合もそうでない場合もあるだろう。だがステークホルダーがだれなのかをはっきりと理解すれば、より包括的に課題を設定できる。

最後に、シナリオ・プランニングのこの初期段階でも（初期だからこそ）、課題が多少ショッキングな方が、集中力とやる気、そして創意工夫につながることもある。次の例のように、思い切って課題をネガティブに設定してみてもいい。

地方空港が小さすぎる！
2025年にはこの地域は陸の孤島になってしまうのでは？

新しい規制の枠組みの中で銀行をめぐる2020年の環境はどうなるだろう？
大手金融機関がここに参入したらどうなるだろう？

STEP2　情報を収集する

今起きている重要なトレンドを理解しなければ（少なくとも、それについてなにかを知っていなければ）、首尾一貫した未来のシナリオは描けない。将来あなたの組織に影響を与えるトレンド、また、詳細はともかくとしてシナリオの輪郭を形作るような現在のトレンドについては知っておくべきである。
だから予習が必要になる。

理想を言えば、対応すべき課題についてのデータをできるだけ大量に持っていることが望ましい。しかし、さきほどの例を見てもわかるとおり、問題はそれぞれまったく違っているため、必要な情報を集めるための決まったチェックリストは存在しない。前に挙げた例のひとつでは、ライバルのことをできる限り知っておくことが必要になる。その強みと弱み、製品ポートフォリオ、市場シェア、事業地域、戦略と能力、主要経営陣の経験と専門性など。
別の例では、ライバルではなく原材料費への警戒が必要なので、原材料と輸送費のデータ、供給の見通し、価格高騰の要因、政治や規制の問題、生産のボトルネック、供給の妨げになりそうなもの、そして需要の増加（または減少）の要因を理解しておくべきだ。こうした原料を採掘する最大手企業のプロフィールも関連事項だろう。

この種の情報は、未来の一面を物語る素材として役に立つ。だが、未来に起きうることについての情報、つまり、あなたが設定した課題と、それに対応するあなたの能力になんらかの影響を与えうるトレンドの今後の展開もまた、知る必要がある。では、どのトレンドが重要なのだろう？　答えは「ケースバイケース」だ。ほとんどすべてのものが重要になる。というのも、シナリオ・プランニングの演習そのものが、既成概念にとらわれずに考えることを目的としているからだ。したがって、それほど明白ではない因果関係を探ることが望ましい。多くの間接的な力が、未来に影響する。この段階では、それがなにかを想像することが必要になる。

情報収集は、長く面倒なプロセスでもある。だが、これが大切なのだ。企業価値を左右する要因がどう変化するかを示す確かな情報を求めて、シナリオ・プランナーの多くはトレンドに関する詳細な情報を継続的に集め、いちばん重要だと思われる出来事を資料保管庫やデータベース（または、分厚い紙ばさみ）に保管している。継続的に資料収集と評価を行っていれば、シナリオ・プランニングの演習の直前に、なにか役立つ情報はないかと走り回る必要もなくなる。しかし、この継続的な情報収集には時間とリソースが必要であることは間違いない。

だが、その時間もリソースもないとしたらどうだろう？　数十ものトレンドと出来事の展開に注目し、データを継続的に掘り出してくるスタッフを雇う余裕がない会社もある。未来のあなたの成功にもっとも影響を与える──もしかすると、絶対に欠かせない──重要な要因にいち早く照準を合わせるにはどうしたらいいだろう？
いちばんいいのは、個人への取材だ。取材は非常に役立つので、たとえシナリオ・プランナーが水も漏らさぬような完璧なデータを豊富に保存していたとしても、私は取材を勧めている。取材の対象となる人々は、シナリオ・プランニングに主観的な意見と微妙な判断を持ち込んでくれるばかりか、経験にもとづいた想像力と制約にとらわれない視点を与えてくれる。

では、だれに取材したらいいのだろう？ なにを聞いたらいいのだろう？ 知識豊富で自分の意見をしっかり持った人たち、望ましくはあなたの未来の成功に関係する人か、あなたの周囲の環境がどう展開するかに関心のある人たちを見つけよう。何人くらいに取材すべきだろう？ 間口はできるだけ大きく広げた方がいい。少なくとも、シナリオ・プランニングの参加者と同人数には取材を行うべきである。参加者の3倍から5倍の人数に取材することを勧めるプランナーもいる。

こうした知識豊富な専門家に取材する目的は、彼らの目に映る未来の全体像を感じとると同時に、あなた自身の事業やプロジェクトや製品を彼らがどう見ているかを知ることである。次のような質問をしてみるといい。

- 楽観的に未来を見ると、10年後と今とでは世界はどのように変わっていると思いますか？
- 悲観的に見ると、どうでしょう？
- その間に、未来のビジネス／市場環境はどう変わると思いますか？
- 10年後に私たちの業界／会社／プロジェクトが成功しているためには、どのような変化が必要ですか？
- 10年後に私たちの製品と競合他社の製品はどう変わっていると思いますか？
- お客様はどう変わっているでしょう？ 今の私たちにないもので、お客様がこの会社や製品に期待するものはなんでしょう？
- 10年後の私たちのいちばんのライバルはだれだと思いますか？

もっとも重要な質問をひとつだけ挙げるとしたら、これだ。

もしあなたが10年後の未来を見通せるとしたら、その特徴をもっともよく表す2つか3つの事柄はなんでしょう？

取材相手にとってのいちばん重要な未来の変化を知るにはこれが早道だ。この質問への答えが、あなたの組織が未来において成功するために、取り組み、乗り越えるべき出来事なのだ。先ほどの質問をすれば、それに対して深い答え、おそらく目から鱗の落ちるような回答が返ってくるはずだ。たとえば、次のようなものである。

「携帯電話だ。今と比べて使い方がどう違っているか、どんなアプリがあるか、それらがどう進化しているか、どんな場面でいちばん使われるかを見る」

「人口構成に決まってる。特に、以前よりはるかに寿命が延びているか、老人の生活の質はどうなっているかについて知りたい」

「その頃になってもまだ税金や給付金について政治的なゴタゴタがあるのかを知りたい。退職年齢が変わっていないか？ 社会保障制度の見通しが解決されたかを知りたい（おそらく、まだぐちゃぐちゃのままだろう）」

「大学入学者数が増加したか、またはオンライン教育がより重要になっているかを見るね」

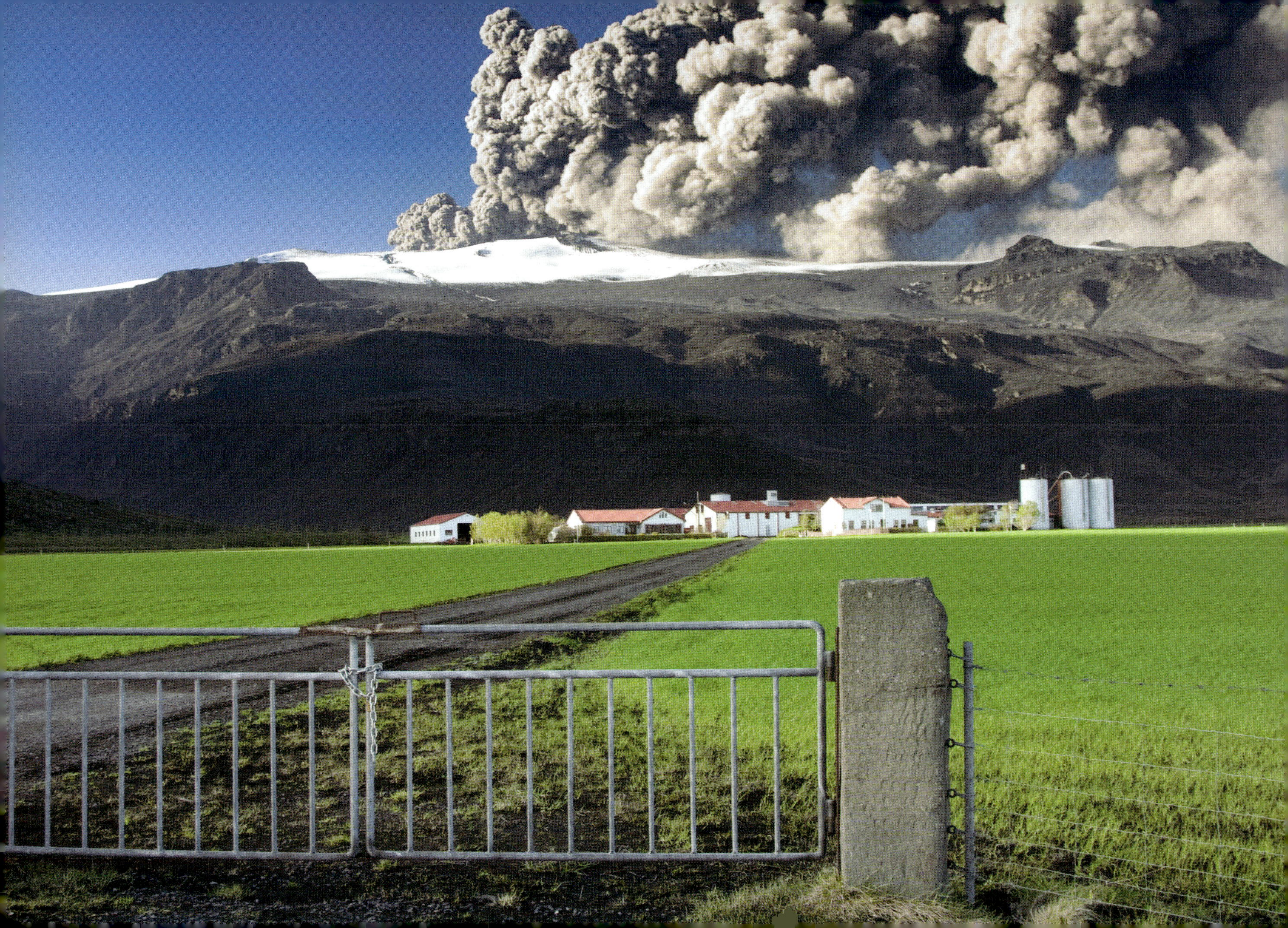

火山の噴煙とスキューバ・ダイビング旅行の不思議な関係

どの情報が自分に関係するのか？

2010年4月半ば、アイスランドの南岸に面したエイヤフィアトラヨークトルという気が遠くなりそうな名前の火山が噴火し、3万フィートの空高くまで火山灰を噴き上げた。その噴煙は、ジェット気流に乗って、ヨーロッパ大陸上空へと運ばれたのだった。

火山灰にはシリカと呼ばれる細かい粒子が含まれ、それが航空機エンジンには大きな脅威となる。もし灰を吸い込んでしまうと、エンジンが止まってしまうこともある。地上6マイルの上空でそんなはめに陥りたくはない。

火山灰が拡散するにつれ、旅行客への安全が守れないとして、ヨーロッパの空港は次々に閉鎖された。噴火から7日間で、ヨーロッパを発着する10万7000の航空便が運航を見合わせ、世界中で500万人の乗客が足を奪われた。到着した空港から飛び立てない乗客も多く、入国ビザも持たずに足どめされることになった。それは第2次世界大戦以来、最大の航空交通の麻痺だった。

ヨーロッパからの航空便に大きく頼っている産業といえば、インド洋の観光だ。ベルリン、ブリュッセル、またはバルセロナからの休暇客がモーリシャス、モルディブ、セーシェルといった美しい島々へ向かうには、空の便を乗り継ぐしかない。だが2010年のその週は、1便も飛ばなかった。ヨーロッパからはだれもそこにたどり着けなかったのだ。

ほとんどのホテルは1週間のキャンセルで傾くことはない（実際に生き延びた）が、もしまた火山が噴火して3カ月間も噴煙を噴き上げ続けたらどうなるだろう？　アイスランドの火山の噴火は、セーシェルのホテルを倒産させることになるだろうか？

その可能性がまったくないとは言えないだろう。であれば、セーシェルのホテル会社は、今後予想されるアイスランドの火山活動についての地質学的な報告書を集めなければならないのか？　アイスランド以外の火山についてはどうなのだろう？　火山の噴煙がどう拡散するかを知るために気象データも集める必要があるのだろうか（しかも、この地球上のすべての火山から）？　ああ、それからジェットエンジン設計の進歩についての情報も。どこかでだれかが、火山灰に耐えうるエンジンを開発中かもしれない。それができたらすごいことになる。

こうしたすべての情報が、全部必要なのか？　火山の噴火が地球の裏側のビジネスに損失を与えたのは本当だが、答えはノーである。火山活動は（ありがたいことに、今のところは）現在進行中のトレンドではなく、したがってインド洋やその他の場所でのホテル事業の価値に影響を与える現実的な要因ではない。もちろん、火山の斜面に立つホテルなら話は別だが、そんなホテルは知らない（し、あっても泊まらないと思う）。これは継続的な事象ではなく、むしろ「ブラック・スワン」と呼ばれる現象である。可能性がきわめて低く、インパクトの大きな出来事のことだ。このブラック・スワンについては、後ほど詳しく述べることにしよう。

STEP3　未来を動かす「ドライビング・フォース（原動力）」を特定する

さて、ここで実際のワークショップに入る。参加者が顔を合わせ、議論し、反対意見をぶつけ、（望ましくは）最後に未来の主な特徴について同意し、その選択にもとづいてシナリオを作るのが、この場である。

課題を設定し、関係する情報を集めるというふたつの事前作業は、すでに終わっている（実際は情報収集には終わりはなく、継続的に行っている企業もある）。現在と未来を動かす要素、つまりドライビング・フォースを特定するこの作業は、実際のビジネスに関係することを参加者全員が一緒に行う、初めての作業だろう。

では「ドライビング・フォース」とは、正確にはなにを指すのだろう？　要するに、未来に大きな変化をもたらす可能性を持つなにか、ということだ。それが、すでに定義の明確な周知のトレンドという場合もある。たとえば、イタリアにおける出生率の低下が、20年後の成人人口に与える影響はかなり正確に予測できる。

ドライビング・フォースの中には、それ自体が他の要因に左右されるため、予測しにくいものもある。そのいい例が原油価格だ。1バレルあたりの原油価格が、食品から航空運賃まで多くの品物やサービスの価格に影響することは、異論のないところだろう。それは燃費のいい車種と悪い車種のどちらの自動車需要にも影響し、経済成長全体にもインパクトを与える。

だが、原油価格は需要と供給の組み合わせで動く。たとえば、1973年にOPEC（石油輸出国機構）は世界の原油産出量をきびしく制限したため、原油価格は1バレルあたり3ドルから12ドルまで4倍に高騰した（あの頃はまだこの程度だったのだ！）。これは供給主導の変化である。しかしそれから40年後、原油市場は主に需要主導で動いている。たとえば、2008年までの6年間に原油価格は1バレルあたり15ドルから140ドルに高騰したが、これは右肩上がりの中国の経済成長を背景にした需要の高まりが原因だった。だが2008年に予期せぬ世界的な不況が始まり、経済活動は停滞したため、原油需要も後退した。それから6カ月のうちに、原油価格は140ドルから35ドルに下落している。

原油価格がドライビング・フォース、つまり変化の源となることは明らかだ。しかし同時に、その先行きはまったく読めない。

ドライビング・フォースのリストを作るのに役立つ伝統的なツールが、「PEST」モデルである。シナリオ・プランニングのチームは、彼らの産業、会社、プロジェクトを動かす力を、次の4つのカテゴリの中から考えてみるよう求められる。

政治　POLITICAL
経済　ECONOMIC
社会　SOCIETAL
技術　TECHNOLOGICAL

その他のカテゴリ、たとえば環境などを加えたモデルもある（PESTではなくSTEEPと呼ばれる）。私の知るもっとも包括的なモデルは、原動力を次の10のカテゴリに分類している。

社会　SOCIAL
技術　TECHNOLOGICAL
経済　ECONOMIC
ビジネス手法　BUSINESS METHODS
天然資源　NATURAL RESOURCES
政治　POLITICAL
人口動態　DEMOGRAPHIC
国際　INTERNATIONAL
法律　LEGAL
環境　ENVIRONMENTAL

しかし、STEBNPDILE という略称は憶えにくい。これは綿密なチェックリストだが、実践向きではないだろう。

ブレインストーミングの手助けにどのモデルを選んでもいいが、大切なのは全員に頭をひねってもらい、現在から決められた時間まで——通常 10 年か、それより先——の会社の未来にとって大切なドライビング・フォースをできるだけ多く挙げてもらうことだ。

通常のワークショップでは、100 項目程度のドライビング・フォースがすぐに挙がる。その多くは相互に関係し、一方が他方の原因となったり、影響を与えたりしている。

たとえば、ラスベガスのカジノのドライビング・フォースについて考えてみよう。イギリス人顧客の重要性が増していることを知ったシナリオ・プランニングの参加者たちは、ドライビング・フォースのひとつとして次の項目を挙げるだろう。
☞ **イギリスでのラスベガス人気**

これが大きなドライビング・フォースであることは間違いない。しかしこれは他の要因に影響される。それに大きく関係するのが、次の項目だ。
☞ **イギリス市場におけるラスベガスの評判**

これは、次の要因に左右される。
☞ **イギリスにおけるラスベガスのマーケティングと PR の取り組み**
☞ **マーケティングと PR の予算規模**

しかし、もっと考えることがある。
☞ **イギリスからの航空便の利便性と値段**

これは次のことに左右される。
☞ **ロンドンまたはマンチェスターからラスベガスへの直行便の本数**
☞ **往復航空運賃**

そして、これはもちろんこのことに一部関係する。
☞ **輸送燃料の価格**

つまり、ここに戻ってくる。
☞ **1 バレルあたりの原油価格**

すなわち、原油価格もカジノのドライビング・フォースということになる。

すべてのドライビング・フォースが出そろったら（あとで入れ替えたりできるように、通常はポストイットに走り書きする）、それを独立したカテゴリに分ける。たとえば、カジノの例でいえば、イギリス人顧客のカテゴリには先ほど挙げたすべての項目が入る。それに加えて、次のような項目を入れてもいい。
☞ **イギリス経済の強さ**
☞ **ポンドの為替レート**

このふたつの要因は次のことに左右されるとも言える。
☞ **イギリスの通貨政策**
☞ **どちらの政党が与党か**

大切なのは相互のつながり方、つまり因果関係を見ることだ。これらが同時に起きたり、連続して起きたりすることで、特定の未来の環境が生まれ、それがあなたに影響するのである。

==**多ければ多いほどいい。**==

あっちに行くか ←

→ こっちに行くか

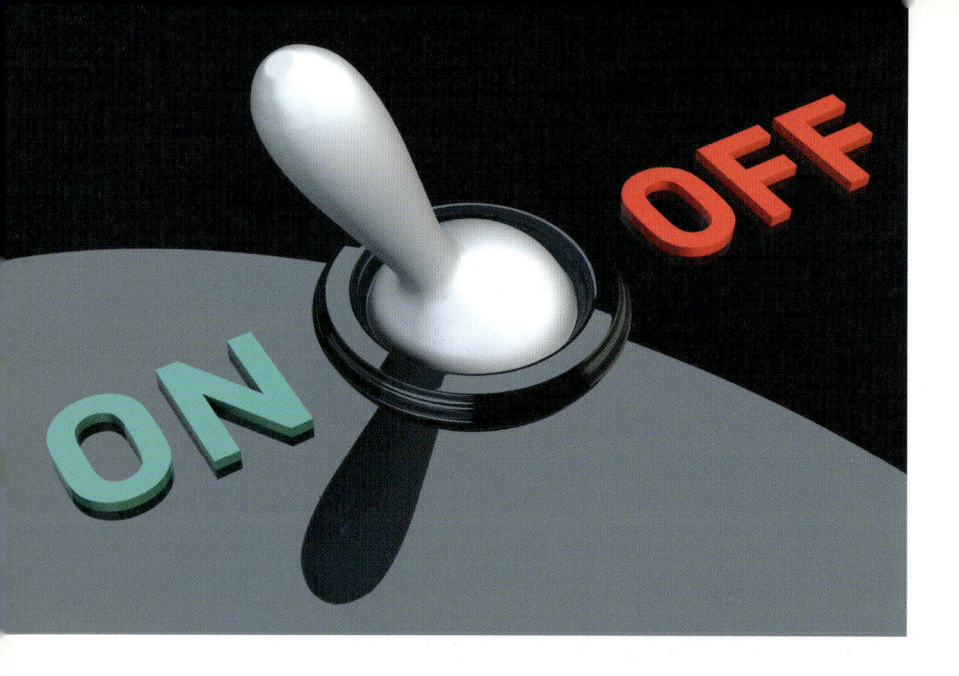

STEP4　未来を左右する「分かれ道」になるような要因を見つける

さて、ここで未来の鍵となる不透明要因、つまり、未来をもっとも左右する要因に目を向ける。STEP 3で示したドライビング・フォースの分類が、それを見つける助けになる。

世界は不確かさに満ちている。今後10年を現実的に見渡して、なんの変化もないと言える企業や組織がこの地球上に存在するだろうか？　ないはずだ。経営者に自社の事業環境を一言で表してもらうとすれば、「安定」や「予測可能」と答える人はほとんどいないはずだ。
だからと言って、すべての要素が同じくらい不確かだとは限らない。100パーセント確実とは言えないまでも、ある程度は知的な推測ができることもある。たとえば、

人口動態の変化は、長期トレンドをかなりの確度で見通せる。「不確かさの度合い」が低いのである。しかし、そうではなく、（たとえば新しいテクノロジーのように）どこからともなく突然現れて、市場と世界をあっといわせるものも多い。
また、そうした不確かなことの中でも、組織にとって特に重要なものとそうでないものがある。つまり、他のものより潜在的に大きなインパクトを持つ出来事があるということだ。たとえば、もし私が翌々週の土曜日にピクニックを計画しているとしたら、気になるのはお天気と、変動の激しいチーズの時価だ。どちらも不確かだが、ピクニックにはるかに大きな影響を与えるのは、お天気の方である。

人生にはこうした程度も重要性もさまざまな不確かなことがつきものだ。そこで、シナリオ・プランニングでは重要性の低い要因とその結果を除外して、**もっとも未来を左右すること**（たとえば、ほとんど予想がつかないが、潜在的にインパクトの大きな出来事）に集中する方が、より実のある結果につながると考える。

それはなぜだろう？　思い出してほしい。シナリオ・プランニングの目的のひとつは、思いもよらないことを考えることだ。もし、起きる可能性が比較的高く、それが起きても受ける影響がそれほど大きくない出来事だけを評価していたら、シナリオ・プランニングの意味がなくなってしまう。
未来を左右する不透明要因を見つけるには、次のような表を描いてみるといい。

それぞれの未来の姿の違いを浮き彫りにする

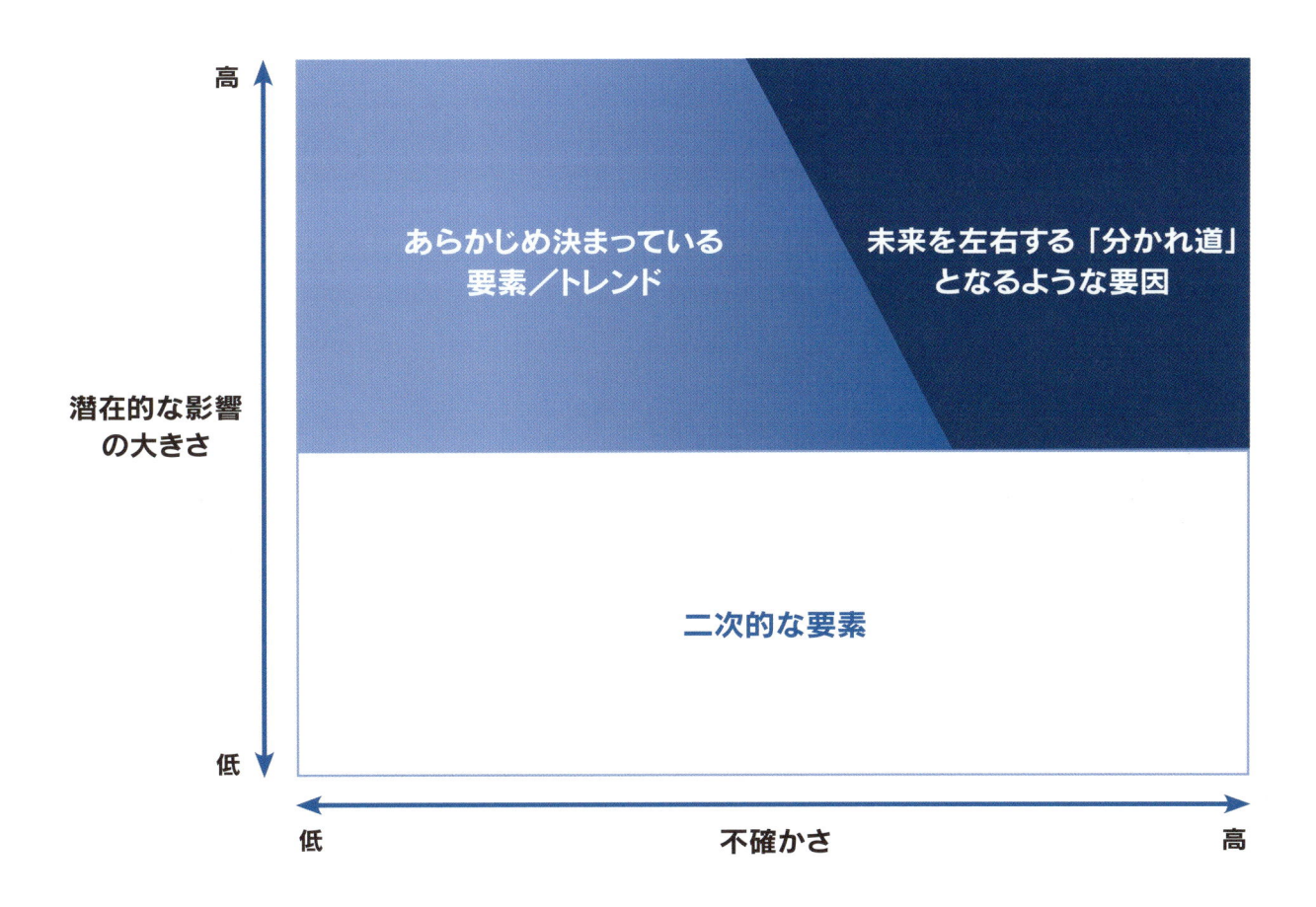

|縦軸: 潜在的な影響の大きさ（低〜高）／横軸: 不確かさ（低〜高）|

- あらかじめ決まっている要素／トレンド
- 未来を左右する「分かれ道」となるような要因
- 二次的な要素

STEP 3で挙がったそれぞれの要因、または要因のグループを、このグラフ上に点で表し、その重要性、つまり「興味深さ」をビジュアル化してみよう。その目的は、未来を左右する「分かれ道」となるような要因をふたつ特定することだ。組織またはプロジェクトの将来の成功にもっとも大きな潜在的影響力があり、かつもっとも不透明な要因、トレンド、出来事を見つけ出すのである。

参加者は、それぞれの要因をグラフ上のどこに置くべきかについて論争を戦わせることになるだろうし、それがあるべき姿である。このプロセスには議論や衝突が欠かせない。しかし、最終的には、合意した時間軸の中でもっとも重要なふたつの要因を選ばなければならない。時間軸は大切である。なぜなら、わずか5年先を見れば、それほど重要でないトレンドや要因も、20年先にはきわめて大きな影響力を持つ可能性があるからだ。不確かさの比較においても同じことが言える。

時の経過と共に、起きうる未来の姿の範囲は広くなる（なにが起きるか、ますますわからなくなる）。同時に、現在のトレンドが勢いを増し、より大きな影響を与える可能性も出てくる。

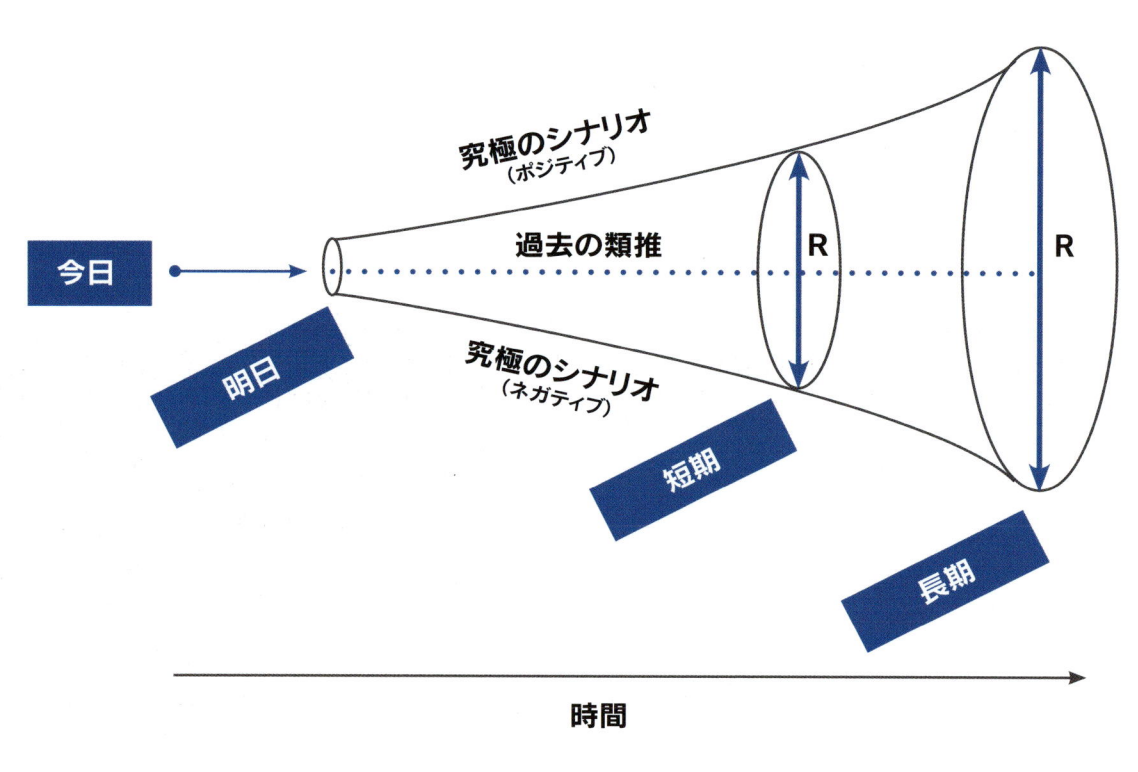

R＝起きうる未来の範囲

参加者は、次の表のA、B、Cに分類された要因を除くことにした。これらは、それほど不確かでもなく、未来を考えるという目的からすると、それほど「興味深い」ものではないからだ。それらは、ピクニックの時のチーズの値段や（AまたはB）、長期的には組織に大きな影響を与えるが、起きることがかなり確実な要因（C）である。

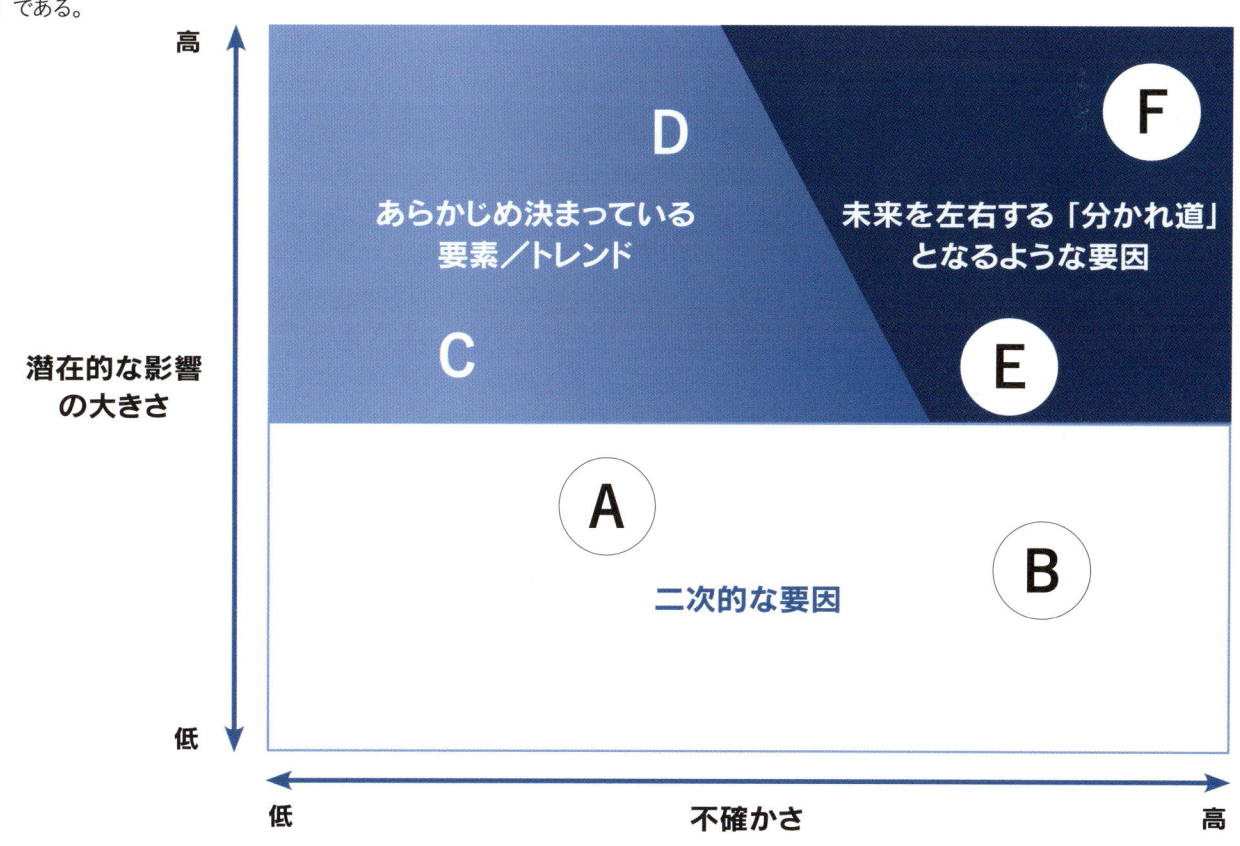

潜在的な影響の大きさ（縦軸：低→高）、不確かさ（横軸：低→高）

- D／C：あらかじめ決まっている要素／トレンド
- F／E：未来を左右する「分かれ道」となるような要因
- A／B：二次的な要因

6つの要因の中で、潜在的な影響力が2番目に大きなDを残すかどうかは、議論の分かれるところだろう。結局、EとFが選ばれることになる。どちらも不確かさと影響力の度合いは高い。しかし、Dの方がEよりも影響度は高い。

EとFをもっとも重要な不透明要因として選んだら、次はEとFを軸とする2×2の標準的なマトリクスを作る。このマトリクスの4象限が、それぞれ異なる未来のシナリオの輪郭を表すことになる。それぞれの未来は、ふたつの重要な不透明要因が「分かれ道」のどちらに転ぶかによって決まる。
言い換えると、この4象限（ここではもうシナリオと呼んでいい）は、たとえばEが「高い」場合と「低い」場合、Fが「大きい」場合と「小さい」場合のどちらに転ぶかで決まる。

現実には、すべてのトレンドが、白か黒かのはっきりした結果に終わるわけではない。その中間のグレーの場合が大半である。だが、それぞれの未来の姿の違いがくっきりと出るような、筋書きのわかりやすいシナリオを描くためには、ふたつの不透明要因をどちらか一方に転ぶものと考えるほうがいい。
たとえば、エネルギー価格は、さまざまな業界の企業にとって、もっとも重要な不透明要因となり得る。この切り口で象限を分ける目的は、特定の価格を指摘することではなく、未来をふたつの可能性に分けることである。

低コストのエネルギー ⟷ **高コストのエネルギー**

エネルギー価格

また同様に、次のような切り口も、製造業、銀行、学校といったさまざまな組織にとって重要な不透明要因といえよう。

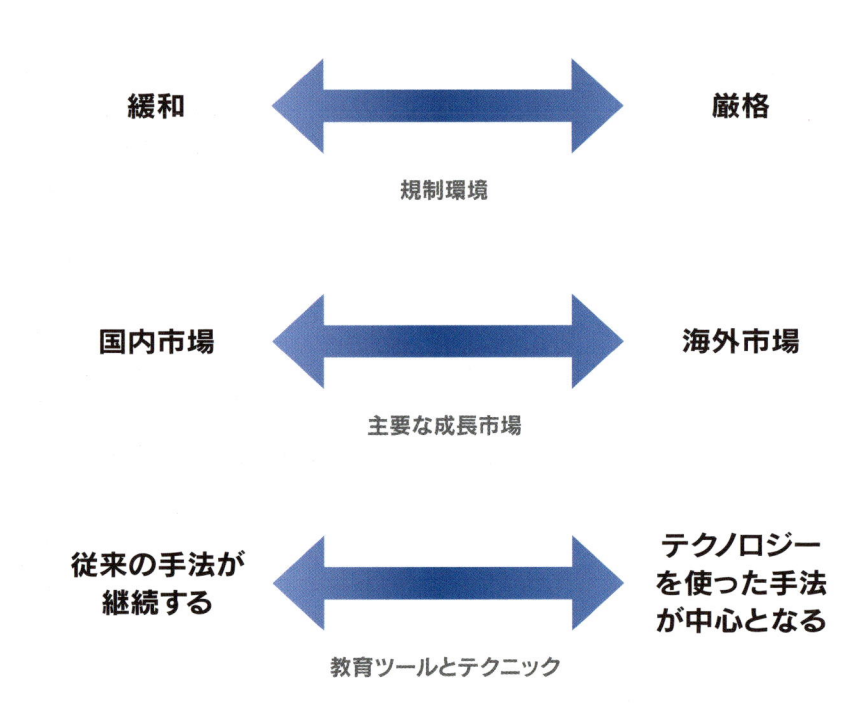

緩和 ⟷ **厳格**

規制環境

国内市場 ⟷ **海外市場**

主要な成長市場

従来の手法が継続する ⟷ **テクノロジーを使った手法が中心となる**

教育ツールとテクニック

STEP5　シナリオを考える

この時点の実際のシナリオ作りはシンプルだ。たとえば、次の表のようにふたつの軸を交差させる。

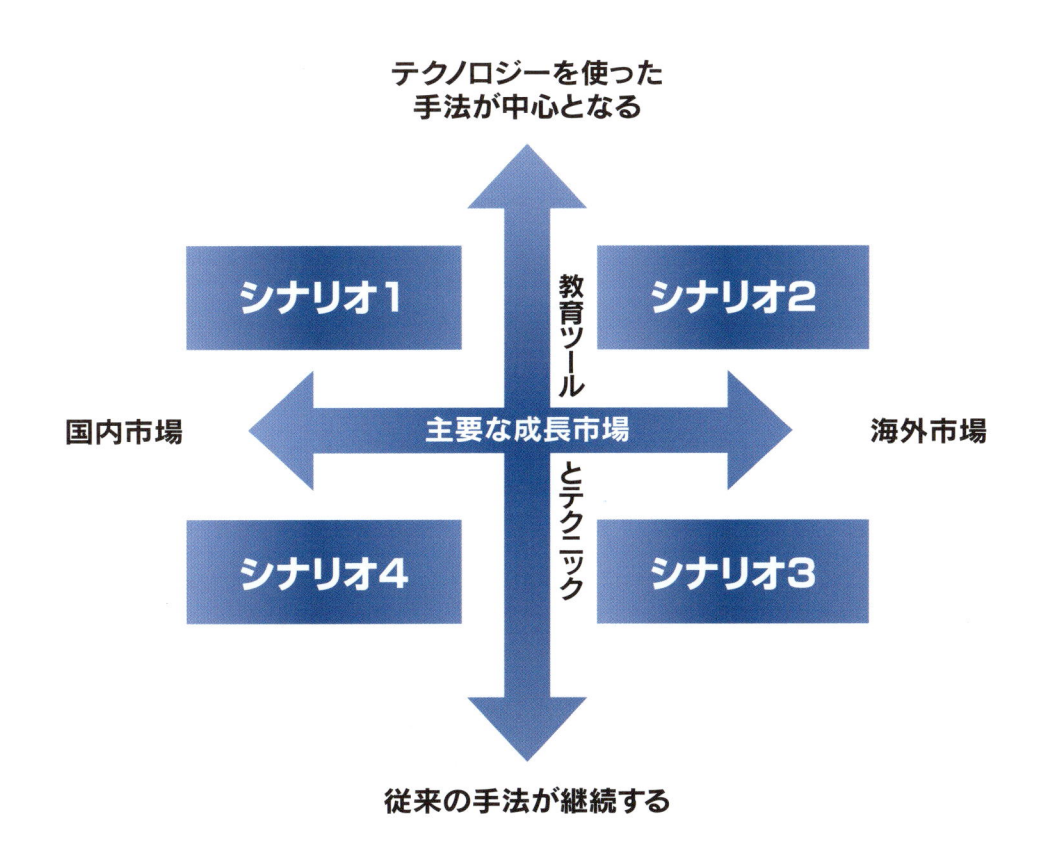

```
                    テクノロジーを使った
                    手法が中心となる
                         ↑
          ┌─────────┐  教  ┌─────────┐
          │ シナリオ1 │  育  │ シナリオ2 │
          └─────────┘  ツ  └─────────┘
                        ー
                        ル
  国内市場 ←──────── 主要な成長市場 ────────→ 海外市場
                        と
                        テ
                        ク
          ┌─────────┐  ニ  ┌─────────┐
          │ シナリオ4 │  ッ  │ シナリオ3 │
          └─────────┘  ク  └─────────┘
                         ↓
                    従来の手法が継続する
```

その結果が、シナリオの「十字架」、すなわち4つの象限がそれぞれ異なる未来を表すマトリクスだ。たとえば、前頁のマトリクスは、大学が未来の姿を考える助けになるだろう。このマトリクスから、次の4つのまったく異なるシナリオが導かれる。

シナリオ1　学生の大半は国内から（おそらくだいたい同じような高校から）入学する一方で、新たに開発されたテクノロジーにもとづく教育は、授業体験を変える（また、おそらく学生と教師の指導関係、調査手法、宿題なども変える）。

シナリオ2　海外からの留学生が増え（大学の授業料収入、文化と価値観、カリキュラムと教授陣の変更、学生とその家族のニーズの変化といった影響がある）、教育体験もテクノロジーの進歩と新たなツールによって変わる。

シナリオ3　留学生の数は増えるが、大学の運営は、教育分野ですでに実証済みの（そして、今も使っている）従来の手法で行う。テクノロジーは進化し続けるが、大学内の力学はほとんど変わらず、職業的な学者である教師と生徒の間の従来通りの関係が継続する。

シナリオ4　新入生はほとんど国内からで、教育方法、教授陣、教育能力は引き続きこれまでの構造とツールにもとづいている。

おわかりのように、こうした未来の可能性のそれぞれにおいて、大学は自分たちの使命と運営における多くの点で、大きな違いが生まれることがわかるだろう。たとえば、次のような点だ。

- どのように自分たちを位置づけ、マーケティングするか
- 学生生活に大学が果たす（べき）役割
- 望ましい未来の教授陣の経歴
- テクノロジーへの投資
- 卒業生との関係の広がり
- 授業料収入の脆弱さ

どうしても必要というわけではないが、==それぞれのシナリオに名前をつけること==をお勧めする。いいシナリオ名はその未来の特徴を端的に伝えてくれる。それに、キャッチフレーズとなるような名前を考えるのは楽しいし、参加者のモチベーションも上がる。また、大変なプロセスも多少身近に感じられるようになる（名前があると、シナリオを思い出しやすい）。

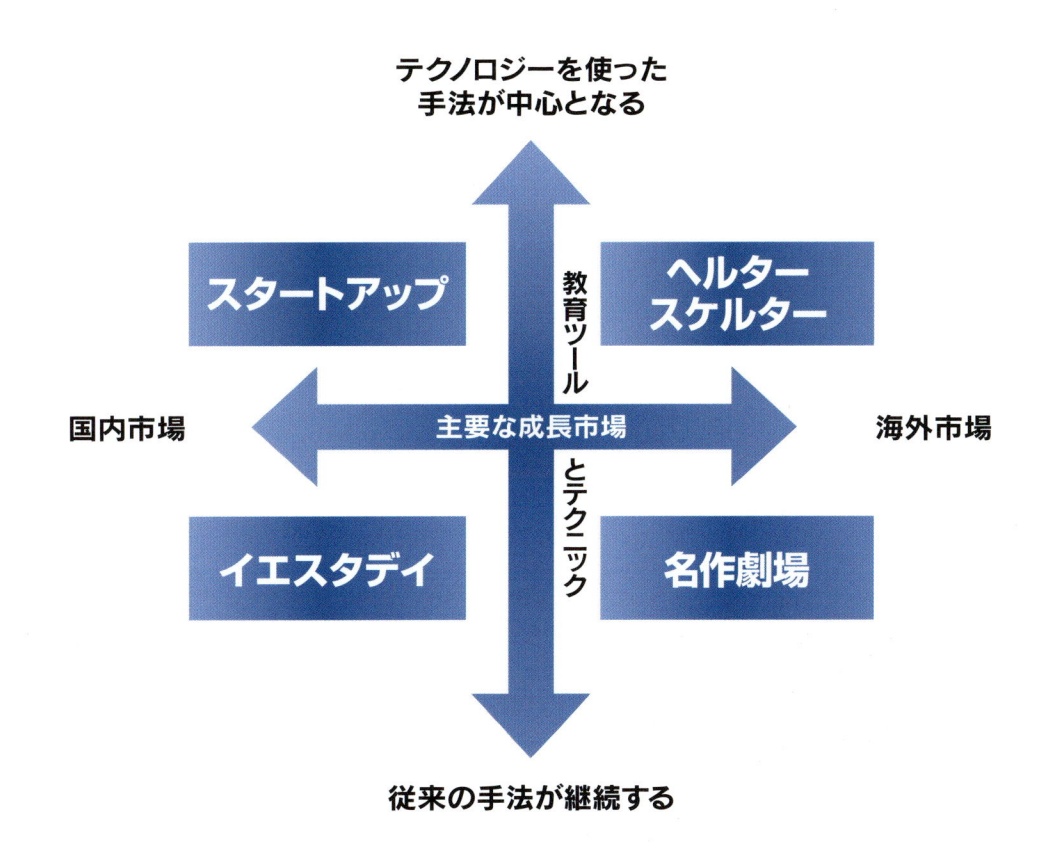

たとえば、こんな名前はどうだろう。

```
                テクノロジーを使った
                手法が中心となる
                      ↑
                      │
    ┌──────────┐   教  ┌──────────┐
    │スタートアップ│   育  │ ヘルター  │
    │          │   ツ  │ スケルター │
    └──────────┘   ー  └──────────┘
                      ル
国内市場 ←──────── 主要な成長市場 ────────→ 海外市場
                      と
                      テ
    ┌──────────┐   ク  ┌──────────┐
    │イエスタデイ │   ニ  │ 名作劇場  │
    │          │   ッ  │          │
    └──────────┘   ク  └──────────┘
                      │
                      ↓
                従来の手法が継続する
```

取らぬ狸の皮算用

本末転倒

最近、私はあるアメリカの大学の欧州キャンパスを運営する責任者たちのチームに会った。彼らは自分たちの詳細な3か年計画に鼻高々だった。私は、シナリオ・プランニングならそれより少し先を見る助けになりますよと、彼らを説得しようとしていた。たとえば、シナリオ・プランニングのプロセスは、今後数年間に産業界がどう変わるか、またその変化によって求められる学位や教育構造がどう変わるかを垣間見る助けになる、と。それを理解することで、この大学のカリキュラム開発の長期計画はよりよいものになるだろうと思われた。

大学の理事のひとりがある質問をした。それを聞いて、彼らがぼんやりとした希望に頼っているのが私にも見えてきた。彼はこう言ったのだ。「私たちは、これまであまり資金調達をしてきませんでした。ですが、はじめて大きな額の寄付をいただけそうなのです。おそらく、1000万ドルになるでしょう——私たちにとっては、途方もない金額です。これほどいただいても、使いみちがあまりありません。たとえば、教員を雇うとか、寮を改装するとか、新しい建物を建てるとか……だから、もしこのワークショップを行うとしたら、この寄付をいただけた場合のシナリオをかならず含めるようにしてもらえますか？」 そこにいた全員が頷いて同意した。「そうですね、それは絶対に考えるべきシナリオです。そうなって欲しいですね」
私は、寄付が決まるのはいつですかと聞いた。「5、6カ月以内にはわかります」と理事は答えた。大学への多額の寄付金の話題によって、シナリオの議論が盛り上がったのは明らかだった。だれもがそのことに浮かれているようだった。私はそれをしっかりと意識にとめ、ノートにも書きとめたが、内心やれやれと感じていた。私はまだ、参加者たちにシナリオ・プランニングのプロセスにおいて取り組むべきこと、また取り組むべきでないことをきちんと理解させるまでに至っていなかったのだ。「もし宝くじがあたったら？」というシナリオは、彼らが遠い先の未来をじっくりと見通す助けにならないのは確かだった。

しかし、それはどうしてだろう？ 大学の理事たちが寄付を受け取る可能性を考え、もし受け取ったらどう使おうかと考えるのは、決して間違いではない。彼らにとって、それは完璧に理にかなった未来のシナリオである。その瞬間には、たしかにそれが大学の未来にもっとも大きな影響を与えるものだった。実際、会話が進むにつれ、すべてはふたつの未来のシナリオに帰結するように見えた。①寄付金が入る。②入らない。議論のその段階では、理事たちにとって、シナリオ・プランニングは「取らぬ狸の皮算用」とそれほどかわりないことは明白だった。

シナリオ・プランニングが組織に役立つためには、競争環境全体への長期的かつ幅広い視点が必要になる。まずは、理事たちの方向性を変えることが必要だと私は考えた。つまり、寄付をもらえてももらえなくても、今後数年間で大学をとりまく環境は変わること、そしてシナリオ・プランニングが変化する景色を見る助けになることを、理事たちに理解させなければならなかった。そのあとではじめて、そこで得た知見を使い、1000万ドルが棚ぼたで転がりこんできたらどうするかを決めるべ

きなのである。また同時に、シナリオ・プランニングのプロセスは、寄付が入らなかった場合の計画を立てることにも役立つはずだと私は説明した。
言い換えれば、この大学の成功のカギは、資金量ではなく、変化する大学の運営環境にどううまく対応するかなのだ。大学に余裕資金がたっぷりある場合もあれば、常に赤字に悩んでいる場合もあるだろう（または、その間を行ったり来たりしているかもしれない）が、いずれにせよ周囲の環境はそれとは関わりなく展開し、大学は持てる資金を使ってその環境の中で組織を運営していく必要がある。もちろん、資金がないより1000万ドルあった方がいいのは間違いないが、あったからといって、大学を取り巻く環境が変化することに変わりはない。その環境への対応が違ってくるだけだ。

この場合のシナリオ・プランニングのいちばんの役目は、未来の見方を一時的に偏らせているふたつの可能性——「大金が転がり込むか、これまでどおりか」——から、できるだけ理事らの意識を引き離し、寄付があってもなくても10年先の競争環境に目を向けさせることである。
したがって、このプロセスは、大学の価値に影響を与える要因を特定することと、それがどう変化するかを想像することが中心となる。これらの要因を思慮深く分類し、それらがどちらかの方向に向かったときにどんな未来が実現するかを考えることによって、シナリオが浮かびあがる。

それがわかれば、1000万ドルの寄付をどう投資するのがいちばん効果的かをより適切に評価できるでしょう、と私は説明した。また、このプロセスを通して、経済状況や寄付への姿勢に関する理解が進み、どうしたら将来もっと寄付を集められるようになるかも見えてくるかもしれない。こうしたシナリオにもとづいて、大学は寄付者の賛同を得られるような提案を作り、環境の変化に沿った大学のビジョンと長期計画を理解してもらうことができる。

この大学でも、最後にはこの理屈が通った。しかし、これは（シナリオ・プランニングへの）よくある誤解だ。起きるはずだ、起きるに違いないと思うこと（または、ただの願望）を、未来のシナリオだと誤解してしまう人もいる。そうなると、シナリオ・プランニングは未来を探ることではなくなる。偏った見方を植え付けるものになってしまう。それでは本末転倒というものだ。こうなっては元も子もない。

STEP6　骨組みに肉付けし、ストーリーを描く

さて、これまでのところで各シナリオの骨組みができ、名前がついた。

次はシナリオそれぞれの基本部分を拡大する、つまり骨組みを肉付けしてみよう。この段階では、クリエイティビティと想像力がもっとも必要とされる。
ひとつのシナリオの骨組み、たとえば「ヘルター・スケルター」に肉付けをするには、次のような質問を考えてみよう。

- 新入生の大半が留学生となることは大学にどんな意味があるか？
- だれが、どのように、なにに影響を受けるか？
- 財務的には、どんな意味があるか？
- 大学はどのようにそれに対応する必要があるか？

同時に、このシナリオのもうひとつの切り口（縦軸）を見てみよう。

- 従来の教育手法よりもテクノロジーをより活用することで、授業と学習のやり方がどのように変わるだろう？
- この変化の利点と欠点はなにか？
- 大学が注意すべき点はなにか？
- どのくらい費用がかかるか？
- この大学の教育の質にどのような影響があるか？
- この大学と授与する学位の評判にはどう影響するか？

理想としては、未来の状況を描くとき、その景色や雰囲気の具体的な描写とそこに至るまでのストーリー（たとえば、その姿に至るまでの今後10年間に起きる展開）が含まれているといい。

また、異なるステークホルダーからその未来がどのように見えるかもストーリーに盛り込むべきだ。そこから、彼らの優先順位はなにか、どんな問題が起きうるかが浮かびあがってくる。特定のシナリオに勝者と敗者が存在する場合もあり、だれがどちらに分類されるのか、なぜそうなるのか、そしてそのことに彼らがどう反応するかを理解することも大切である（言うまでもなく、人々が、自分が勝者、または敗者になるかもしれないと知ったときにどう反応するかを考えなければならない）。

このストーリーは、未来から現在へと逆向きに語られることになる。たとえば、もし時間軸が10年だとすると、話の起点は2025年で、それに至る10年間に起きる変化に納得のいく説明をつけなければならない。未来のある時点から振り返り、どのように「ヘルター・スケルター」と呼ばれる未来に至ったのかを語るのである。いったい、どんないきさつで世界はこうなったのかを。

シナリオ・プランニングでは、出来事や節目を書き入れた架空の年表（たとえば、「2019年に海外からの入学者数がアメリカからの入学者数を初めて超えた」など）を作ることも多いが、もっと大切なのは、因果関係の連鎖を描くことだ。シナリオ・プランニングにおいてこの段階は非常に重要で、おざなりな10年間の年表以上のものが必要になる。それは、次の10年間の「歴史」の詳細な記述でなければならない。10年後の未来像へ至るまでの因果関係を、論理的にひとつひとつ理由づけなければならない。

しかも、4つすべてのシナリオでそれを行う必要がある。ということは、2日間のワークショップで刺激を受けて疲れ切った参加者たちが、最後の45分であわてて作るわけにはいかない。参加者が数週間さまざまな可能性についてじっくり考えたあとに集まって、新鮮な気持ちでこの仕事にとりかかり、ゆっくりと議論を行うのがベストである。シナリオ・プランニングは議論を要するプロセスなので、段階ごとに十分な間を置き、アイデアを少し熟成させ、何度かに分けて議論する方が、良い結果につながる。

いずれにせよ、歴史を描くプロセスは一筋縄ではいかない。4種類のストーリーの創作作業を参加者たちに頼むと、面白いことが起きる。熱心な参加者でさえ、筆が思うようにすすまないとイライラしてくるのだ。もちろん、参加者たちの草稿には、『ダヴィンチ・コード』のように読み応えのあるストーリーはほとんどない。

だが、そうしたことは別に問題ではない。優秀なファシリテーターがいれば、創作チームはすぐに作業にとりかかり、出来事の連鎖が現実的に描かれ、シナリオからストーリーが生まれる。しかし、なるほどという問題点が浮かびあがることもある。それはおそらく前段階の分析に弱い部分があるから、その場合もう一度見直しが必要になる。

たとえば、ストーリーをまったく思いつかない場合や、異なるシナリオの要素がごちゃごちゃになって区別がつかない場合は、切り口として選んだ重要な不透明要因があいまいだったり、方向性が似通っていたりする。つまり、結果の一方が他方とそれほど変わらないのだ。ふたつの切り口の関係が近すぎても、問題が起きる。**そのふたつはお互いに独立した要因でなければならない。** そのふたつが常に連動し、同時に上にも下にも動く場合や、そのふたつに因果関係がある場合には、もう一度もとに戻って、新たにふたつの要因を選び直す必要がある。

また、4種類のストーリーを描くチームの構成を変え、全員が4つを経験できるようローテーションしてもいい。そうすれば、ひとつのチームにひとつのシナリオの色がつくことを避けられ（「あぁ、君はヘルター・スケルター組だね」といったように）、ひとつのシナリオに肩入れして、「1番」になりたいと思うこともなくなる。すべての参加者がすべてのシナリオに誇りを持ち、たまたま担当になったのではなく全部を自分の作品だと思えるのが理想の形である。競争ではないのだから！

STEP7　シナリオを検証し、追加の調査項目を特定する

クリエイティビティをフルに発揮してシナリオを書いたら、それを発表する前、または広く配布する前に、知識豊富な第三者にこれを徹底的に検証してもらわなければならない。選ばれたステークホルダーと、その分野の経験か専門知識のある人にシナリオを見せ、フィードバックを募るといい。

- これらのシナリオは、理にかなっているか？
- はっきりと書かれているか？
- 的を射ているか？
- 一貫性があるか？
- 足りないものはなにか？
- 変更すべき点はどこか？

専門家の意見を集め、それをできる限り取り入れよう。彼らがシナリオの弱点を見つけてくれることもある。たとえば、わかりにくいアイデアをさらに調査してシナリオに盛り込むといったことだ。こうしたフィードバックには何物にも代えられない価値がある。それらを参考にして、変更を加えよう。

フィードバックが重要！

STEP8　シナリオの意味をくみ取り、取りうる対策を決める

これには、さまざまなやり方がある。しかし、大切なのは、各シナリオに対応する戦略オプションの一覧を作ることだ。もし未来が本当にシナリオ通りになったら、組織はどう対応すべきだろう？

オプションを書き出したら、次にそれらを評価する。次に、ここで挙がったさまざまな対応を分類し、いくつかの包括的な戦略案にまとめる。そうすると、かならず活発な議論を経て、取捨選択が必要になる。どの戦略がもっとも理にかなっているか？
シナリオ・プランニングの視点から見ると、組織にもっとも大きな柔軟性を与えるものが最高の戦略である。未来が形作られるにつれて（それが、どのような未来であっても）、調整できるような戦略が望ましい。

STEP9　目印を探す

ここで作られたシナリオは、それぞれ10年後かその先に存在する世界を描くものだ。異なる4つのシナリオ（「4つの世界」と言ってもいい）には、いずれも専門家の裏付けが取られ、これに関わった全員がこの時点できわめて妥当だと合意している。しかし、これは各シナリオが起きる確率が25パーセントずつという意味ではない。どのシナリオにも、実現の可能性が十分にある。
つまり、スタート地点である今日以降の展開によっては、その4つの方向のどこに行ってもおかしくないということだ。ただ、今のところはどの方向に向かうかわからない。

とすると、大切なのはいつそれがわかるかだ。1年経てば、多くのことが変化しているだろう。その12カ月の変化をもとに考えると、4つのシナリオのうちの1つが他の3つよりはるかに実現の可能性が高い場合があるだろうか？　もし1年後でなければ、3年後はどうだろう？　5年後は？　いつかしらかならず霧が晴れて、どこに向かっているかがはっきりとわかる時がくるはずだ。

あたりまえだが、未来は時刻表通りにやってくるものではない。その道のりの途中に起きる出来事や変化に気づかなければ、先行きは読めない（先行きが皆目わからない場合もある）。したがって、目印を読むことが必要になる。
そのためには、シナリオ・プランニングのチームは、各シナリオが実現しそうな目印とはどんなものなのかを探す必要がある。道路標識のようにわかりやすい目印などないのだから。

とはいっても、あるシナリオが起きそうな可能性を示す目印はたくさんある。地理的・政治的な変化、選挙結果、経済データ、新たな法案などなど。いま挙げたのは表(おもて)に出るものだけだ。もっと捉えにくいものもある。消費者心理、消費者行動、あるいはファッションの変化、産業を根本から変える可能性を秘めた新製品やサービスの出現など。

4つのシナリオすべてについて、「なにを見たら、このシナリオが実現しそうだとわかるか?」と問わなければならない。できるだけ多くの目印を書きとめ、将来の参考としていつも考えておくことが必要だ。
たとえばスコットランド観光局のシナリオ・プランニングのグループは、完全武装したイギリス兵士がヒースロー空港をパトロールしている姿を夕方のニュースで見て、シナリオのひとつが実際に起きつつあることに気づいた。目印の中には目立つものも目立たないものもあるが、よく注意していれば、そうした無数の目印に気づくだろう。

> すごく不思議だね。毎日見ていると、なにも変わっていないように思える。だが、急にすべてがガラリと変わるんだ。
> 「カルビンとホッブス」
> (ビル・ワターソンの新聞連載漫画)

STEP10 シナリオを観察し、更新する

時間は常に動き続ける。シナリオ・プランニングの最終ステップは、永久に続くプロセスだ。それはシナリオを更新し続けることである。そのためには、シナリオの要素、特にドライビング・フォースによるビジネス環境の変化を敏感に捉え続けなければならない。これは難しいプロセスではないものの、時間と経営資源が必要になる。
シナリオ・プランニングの参加者または小人数の作業グループが、定期的に集まって――1年に1度でいい――変化を評価し、これまでに現れた目印を確認し、必要に応じてシナリオと戦略を変更するべきである。

新製品が突然の大ヒット……

遠い未来のおはなし……

それはニューヨークの弁護士事務所からの手紙だった……

最大のライバルが2019年に破たん……

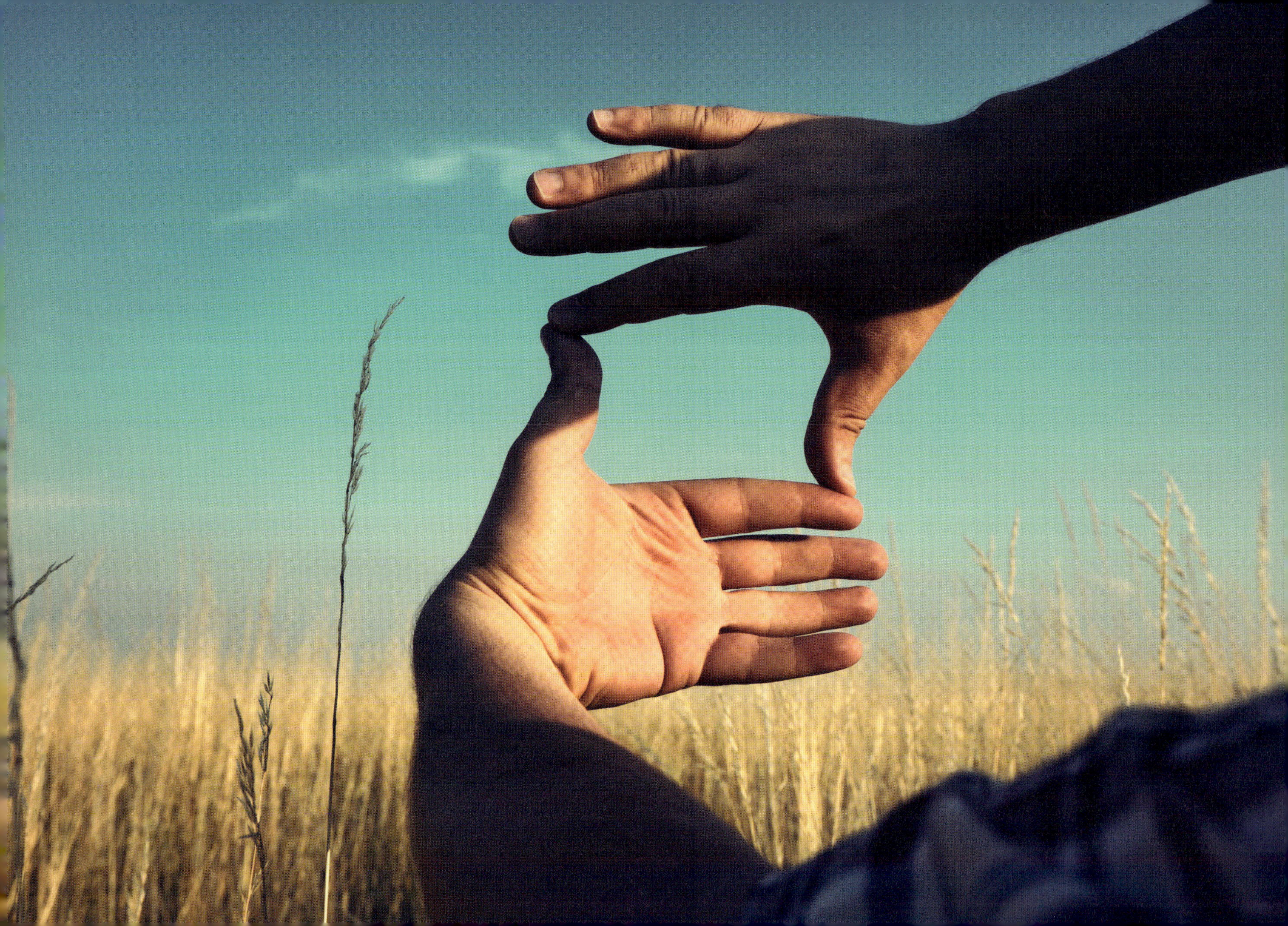

Bringing the Future to Life
未来のストーリーを生き生きと語る

さてここまでのところで、未来の歴史は記録され、編集された（その後、議論され、書き直され、再編集された）。それは、驚きに満ちている。いいシナリオはみなそうだ。みんな満足している。

しかし、クリエイティブな作業はまだ終わっていない。本当のお楽しみはこれからだ。

未来のシナリオをドラマのように身近に感じるために、ここで、もっとも想像力豊かな書き手を参加者から選び、それぞれのシナリオを物語る「ショート・ストーリー」を描いてもらう。

架空の人物、設定、簡単な筋書きなどを使って、4つのシナリオが組織に与えるインパクトを具体的に描くのだ。架空の人物がその未来になにを考えどう行動するか、彼または彼女がその未来の環境をどう感じ、それとどう関わるか、つまりその人物に未来の世界がどう影響しているかを描くのである。

主人公は従業員でも顧客でもサプライヤーでもその他のステークホルダーでもいい。重要なのは、主人公の目を通して、未来の環境の細かいニュアンスを伝えることだ。4つのシナリオの主人公は同じ人物である必要はない。組織の未来の雰囲気が伝わるような人物と筋書きであることが大切だ。たとえば、あるストーリーは、あなたの会社のサプライヤーの視点で語られるのが最善かもしれない。また、社内のセールスマンのいつもの1日を語ることで、未来がよりはっきりと描かれる場合もあるだろう。

次に挙げたふたつの例は、架空のスイスのプライベートバンク「バルトベル銀行」をとりまく2025年の世界を描いたストーリーだ。この銀行のシナリオ・プランニングチームが選んだ、未来の「分かれ道」となる要因は、次のふたつである。

1　今後10年間の経済発展は、グローバルな繁栄をもたらすか？　それとも、硬直化したヨーロッパとアメリカは停滞し続け、BRICsなどの新興国に富の創造が集中するだろうか？

2　スイスの銀行で90年間法律に守られてきた顧客のプライバシーは、2025年にもまだ存在するだろうか？　その答えは、スイス政府と一般大衆が、どこまで金融機関を保護に値すると感じるかによるだろう。

2025年におけるバルトベル銀行のビジネス環境

先に挙げたふたつの切り口にもとづいて、銀行はこの4つのシナリオを描いた。そのうちのふたつのシナリオ、「インドの歌」と「世界の支配者」のストーリーを紹介する。これを読めば、このふたつがまったく正反対の世界だとわかるだろう。

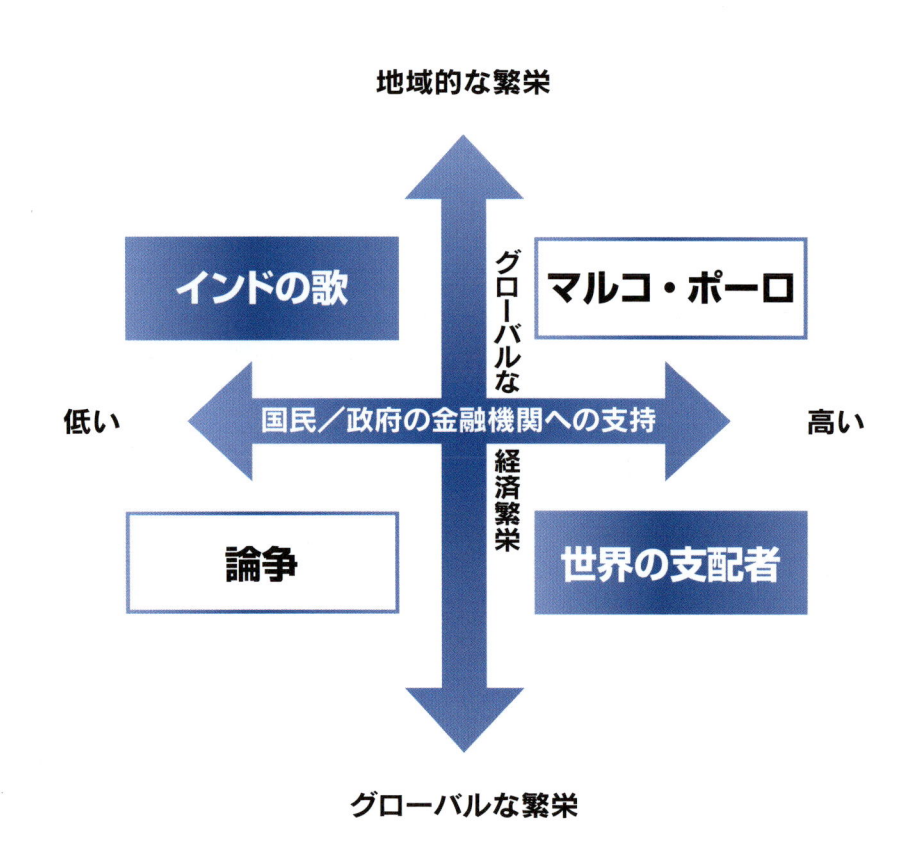

```
                        地域的な繁栄
                            ↑
    ┌─────────────┐   グ    ┌─────────────┐
    │  インドの歌  │   ロ    │ マルコ・ポーロ │
    └─────────────┘   ー    └─────────────┘
                     バ
                     ル
                     な
  低い ←──── 国民／政府の金融機関への支持 ────→ 高い
                     経
                     済
                     繁
    ┌─────────────┐   栄    ┌─────────────┐
    │    論争     │        │  世界の支配者  │
    └─────────────┘        └─────────────┘
                            ↓
                        グローバルな繁栄
```

SCENARIO1　インドの歌

ハンス・ジマーマンは、また搭乗案内ボードに目をやってため息をついた。搭乗予定の便は、もう2時間も遅れていた。インド航空で、チューリッヒからデリー経由でバンガロールに飛ぶ予定なのだ。過去6カ月で、この旅も3度目になる。若い頃は国際線の旅にウキウキしたものだが、特にビジネスクラスに乗ることなどない今の状況に、彼はただ疲れていた。

だが、少なくとも今回は楽しみがある。あと1週間もすれば、カリフォルニアの大学に通う20歳の息子ピーターに会えるのだ。大学の夏休みが始まったばかりのピーターが北京まで飛び、そこで落ち合う予定だった。ずっと前から話していた、父と息子のふたり旅。西昌の宇宙センターを訪問するのだ。万事うまくいけば、中国の3度目の月ロケットの打ち上げを見られるはずだった。

だが、その前に仕事を済ませなければならない。伝統あるスイスのプライベートバンクのひとつ、バルトベル銀行の人事担当責任者であるジマーマンは、顧客担当者の面接のためにインドへ飛んでから、中国に行く予定になっている。この銀行の顧客の8割以上が、いまやこの2国にいる。ジマーマンの仕事は、従来のスイス人の顧客担当者を徐々に地元の中国人とインド人のスタッフに入れ替えることだった。彼らの方が顧客に会いやすく、国内の環境をより理解し、言語も話せる。

過去15年の間に、スイスのプライベートバンクをめぐる環境は激変した。2010年以前にも、スイスはすでに、EUやアメリカから顧客の口座情報を開示するようにとの圧力を感じ始めていた。欧米の当局は、顧客が自国での税金逃れや脱税のために、銀行法で守られたスイスの口座を利用していると疑っていた。2016年と2017年に3つの出来事が立て続けに起きたあと、その守秘義務は終わりを迎え、スイスの銀行が誇ってきた伝統的な力も失われた。

最初の打撃となったのは、ギリシャとイタリアとスペインが、2016年10月の同じ日に債務不履行（デフォルト）に陥ったことだ。「魔の水曜日」と呼ばれる出来事である。さまざまな要因が交錯する中、ぎりぎりのところでこの3国を救おうと試みたのは、それができる唯一の国、ドイツだった。しかし、その試みは失敗。その前年に政権を取っていた左翼政府は、資金の流出に頭を悩ませ、ドイツ国民が国外に持つ銀行口座をすべて60日以内に本国に送還するよう求め、違反者に5年の懲役刑を科すことにした。また同時にスイス政府に協力を要請した。スイスは、ドイツ人の口座はほとんどスイス国内にはないが、できる限り協力すると答えた。政府は秘密裡に、すべての銀行にドイツ人の口座を閉鎖しなければ罰則を科すとプレッシャーをかけはじめた。

当然ながら、刑罰リスクを冒しても資産を守ろうとしたドイツ人の口座保持者もいた。しかし、それから数日もしないうちに2つ目の事件が起きた。内部告発情報サイトのウィキリークスが、スイス国内の15の銀行に口座を持つ4万4000名のユーロ市民の名前、住所、そして詳細な口座情報を公開したのである。しかも、その3分の1はドイツ人だった。情報がどこから漏れたのかは不明だったが、被害は甚大だった。その「資金」を深刻に必要としていたEUは、スイスを信義則違反だと糾弾し、スイスとの必需品以外の貿易と協力の取り決めを破棄する動議をブリュッセルのEU本部で決議した。銀行業とはなんの関わりもない多くのスイス人旅行者が、脱税補助やその他のあいまいな容疑をかけられ、ブリュッセル、フランクフルト、パリ、ローマ、アテネの空港で拘束された。全員が数時間で釈放されたが、この状況が続く限り、スイス人旅行者はEU当局者に嫌がらせをうけるという噂がすぐに広がった。

スイス政府はこれに対応すべく、国内のすべての銀行に、EU住所を持つ口座すべてを閉鎖するように命じた。EUの人々が預金の引き出しを始めると、大混乱が起きた。スイスの大手金融機関の株価は3割から5割下落した。スイスの株式市場は、その月に75年ぶりの大幅な下落を記録した。

スイスの法律制度によると、銀行の秘匿特権を廃止するには、国民投票が必要

だった。国民投票の準備がなされ、2017年6月に行われることになった。しかし、その前に第3の出来事が起き、これが棺桶に釘を打った。グーグルがウィキリークスと手を組み、「金融情報に自由を」と銘打った一大キャンペーンを立ちあげ、「グーグル・ウェルス」という新サービスをリリースしたのだ。このウェブサイトとアプリケーションは、1億人を超える欧米人の純資産の情報をリアルタイムでユーザーに公開した。その中には、住宅ローンやクレジット負債の詳細、保有有価証券の内訳、銀行口座の残高などが含まれていた。そのサイトからは、口座を操作したり取引を始めることはできなかったが、情報はだれにでも公開され、しかも正確だった。

この日、金融プライバシーは死んだ。国民投票が行われ、スイス人の63パーセントが銀行の秘匿特権を廃止することに投票した（実際には、もうすでに秘密はなくなっていたが）。それから数日もしないうちに、欧米の顧客たちがスイスの口座から莫大な額の預金を引き出した。この一連の決定的な打撃を受けたスイスの銀行が立ち直るには、5年がかかった。3、4行は静かに撤退し、合併は10件を超えた。ほとんどの銀行はやむを得ず国内の投資助言業へと業態を変え、秘匿特権や一任勘定を除いたサービスを提供した。実際、グーグル・ウェルスのサイトには1日に100万人が訪れていた。多くの人は自分のデータをチェックするためにそれを使っていた。それが驚くほどリアルタイムの情報だったからだ。グーグルが知らないことといえば、あなたの財布に現金がいくら入っているか、または、あなたが親戚にいくらお金を貸しているかくらいだった。だが、それがグーグルの次のプロジェクトだと冗談を言う人もいたほどだ。

しかし、生き残ったスイスの銀行にとって、戦略転換は厳しかった。市場は大変な供給過剰になったからだ。再編は避けられなかった。

ハンス・ジマーマンの銀行は、生き残りの1行だった。1920年代からの素晴らしい評判を誇るこの銀行は、過去20年間に、比較的小規模だが安定的なアジアの顧客基盤を築いてきた。この銀行の経営陣は、これらの顧客に伝統的なプライベートバンキングのサービスを提供し続ければ生き延びられると知っていた。インドと中国に加え、東南アジアの数か国でのこの20年間の高い経済成長は、より高度な銀行業務と投資業務の巨大市場を生み出した。だが、競争も激しかった。スイス、イギリス、アメリカ、そしてフランスの銀行と証券会社は顧客を奪い合い、顧客は銀行同士を競わせて得をしていた。また、中国の銀行もいまや活発に活動していたが、中国内の富裕層は、外資系銀行を格上と見ていた。

バルトベル銀行の取締役会は、アジア化の方向性を打ち出していた。彼らは中国とインドを中心に30を超える支店を開き、積極的にネットワークを拡大。チューリッヒにはバックオフィスだけが残されていた。インドで開発された投資ソフトウェアによって、投資業務のほとんどは自動化されていたのだ。

ハンス・ジマーマンは人事担当者として、このシステムの設置に関わった。このプロジェクトチームの統括責任者と親しくなり、彼とその妻にバンガロールで会えるのを楽しみにしていた。また、スタンフォードのビジネススクールをちょうど卒業して、パロアルトと深圳とバンガロールにオフィスのある中国系のベンチャーキャピタルファンドに勤めていた彼らの娘とも会うことになっていた。ジマーマンは、彼女に幹部候補生として、おそらくCEOのアシスタントとして入社してもらうよう説得できないかと考えていた。彼女は、未来がアジアにかかったこの銀行がまさに必要とするタイプの人材だった。

一流のプライベートバンク──スイスの金融機関だけでなく、
富裕層の資産管理を行うイギリス、フランス、そしてアメリカの銀行──は、
世界中の有名大学のMBA、経済学部、法学部の
トップ学生をよりどりみどりに採用できる。

「世界の支配者」シナリオより

ほとんどの銀行はやむを得ず国内の投資助言業へと業態を変え、
秘匿特権や一任勘定を除いたサービスを提供した。

「インドの歌」シナリオより

SCENARIO2　世界の支配者

メキシコ出身のエネルギーのかたまりのようなアリシア・ルイズは、ヒースロー空港の幅広い通路を意気揚々と歩き、バルトベル銀行の採用面接を受けるため、チューリッヒへと向かう便に乗り込もうとしていた。2か月後にアリシアはオックスフォードのサイード・ビジネススクールを卒業してMBAを取得する。ほんの数日前に、憧れのスイスの銀行が彼女の応募書類に興味を示し、面接のためにスイスに呼んでくれた。資産管理は成長著しいビジネスで、プライベートバンキング業界への就職は、ビジネススクールの卒業生たちの中でも厳しい競争をくぐり抜けなければならない。一流のプライベートバンク──スイスの金融機関だけでなく、富裕層の資産管理を行うイギリス、フランス、そしてアメリカの銀行──は、世界中の有名大学のMBA、経済学部、法学部のトップ学生をよりどりみどりに採用できる。

素晴らしい教育を受け、金融アナリストとしての経験があり、完璧なバイリンガル（父親はメキシコ人、母親はスイス人）のアリシアは、スイスの名門銀行の顧客担当者となって、メキシコ人の新規顧客を開拓し、アナリストの分析するグローバルな投資機会を顧客に助言することを夢に見ている。

時は2025年。この仕事に就くには最高の時だ。2013年から2014年に始まったグローバル経済の回復のおかげで、個人資産の大幅な拡大はもう10年も続いている。10年ほど前、アメリカ主導で、世界の主要経済国は包括的な年金・社会保障制度改革と政府支出の大幅削減を行い、企業と個人への大幅減税を導入した。左派は、この政策が「太った猫をさらに太らせるだけ」で、うまくいくはずがないと反対した。だが実際は、これが景気全体を刺激し、企業投資と雇用を加速させ、10年にわたる強い経済成長と高い雇用水準、そして莫大な資産創造につながった。

税率は下がったが、この政策がもたらした活発な経済活動と企業利益のおかげで、2年もしないうちに税収は以前の水準を上回った。支出水準が下がったため、財政赤字と債務が縮小した。何年間も失われていた自信を回復した株式市場は急上昇した。ダウ工業株価平均や他の主要指数は18カ月で倍になった。

それ以来、プライベートバンクとその他の富裕層の資産ニーズに応える企業は拡大を続けている。バルトベル銀行は、この10年間で世界中に25の支店を開いた。とりわけ、「新BRICs 6か国」──バルト3国、メキシコ、モロッコ、トルコ──で、彼らは成功している。超高速ネットワークの敷かれたこの6か国は、数多くの新興テクノロジー企業の中心地となり、新たな億万長者の層を生み出していた。こうした新興起業家たちは、金融商品のポートフォリオを作成し維持するための専門家の助言を必要としていただけでなく、世界中で不動産を探していた。この種のサービス提供能力を強化するため、バルトベル銀行は2018年にサザビーズの国際不動産部門を買収した。

一方で、スイス政府と国民は、銀行業界への支持を何度か表明していた。2013年の国民投票で、銀行の秘匿特権の廃止は大差で否決され、2022年の投票では、さらに大きな差がついていた。スイス国民は、銀行業界、特にプライベートバンキングを、この国の誇りと経済活力の源と見なしている。好況な経済のおかげで、スイスの銀行の秘匿特権を弱めるようなEUからのプレッシャーはほぼなくなっている。ほとんどのEU加盟国は、国内の好景気で十分な税収があるため、EU市民の金融プライバシーを守るスイスを罰しようと考える人は減っていた。

アリシアは、この数年に起きている興味深い市場の展開について、バルトベル銀行に質問しようと思っていた。グローバルなブランド力とマーケティングに秀でた数社の企業が、富裕層との関係を利用して、顧客の資産管理に関わるようになってきたのだ。彼らは自分たちで金融サービスや助言を提供するのではなく、たいていはプライベートバンクと協力していた。こうした戦略的提携のはじめてのケースのひとつ

で、過去 8 〜 9 年にわたって成功しているのは、メルセデスベンツと UBS 銀行だ。投資顧問会社のピクテは LVMH（モエ ヘネシー・ルイ ヴィトン）と手を組み、資産運用会社のロスチャイルドはフェラーリ、クリスティーズ、フォーシーズンズ、そしてヨットメーカーのペリーニ・ナビと広範囲の提携を結んでいた。

アリシアは飛行機の座席に腰を下ろすと、今日のフィナンシャル・タイムズ紙を開き、ある記事を見て笑顔を浮かべた。バルトベル銀行がヨーロッパの人気企業 10 社のひとつに選ばれたのだ。すごい！　チューリッヒへの到着が待ちきれなかった。

CHAPTER 3
ケーススタディ

シナリオ・プランニングは、主に産業界のプランナーや意思決定者が使うツールだと思われがちだ。企業は、消費者の好みや態度がどう変わるか、市場が新製品を受け入れるかといった問題に関心がある。だから、シナリオ・プランニングは企業が活用するものと思われることに不思議はない。

だが企業以外のさまざまな組織でも、シナリオ・プランニングを使って未来をのぞき、いくつかの異なる未来の環境を探ることができる。そうした組織もまた、市場シェアや利益成長を追い求める企業と同じように、基準は違っても成功を追いかけていることに変わりはない。

この章では、4つのケースを挙げて、異なるタイプの組織がシナリオ・プランニングを使って未来の展望をどのように描いたかを紹介する。それぞれのケースで、彼らはこのプロセスを通して自分たちの活動領域での未来のチャンスと脅威を探り、変化に備えて必要な対策を取っていた。

シナリオ・プランニングが営利企業以外の組織にも役立つことを示すため、ここではあえて珍しい組織を選んだ。

- **世界新聞協会は、数百年間続いてきた商品、つまり新聞にとって、新しいテクノロジーとの競争と読書習慣の変化が、どのように新しい世界を形作るかを理解しようとしていた。**

- **スコットランド観光局「ビジット・スコットランド」は、世界の旅行業界の変化に対応し、美しい祖国に観光客を誘致する最良の方法を探していた。**

- **共和国制をとるある島の国家産業機構は、地域貿易とグローバル通商などの変化が、国家経済の堅調な発展という使命にどう影響を与えるかを評価しようとしていた。**

- **インド政府は世界銀行と共に、2030年の社会経済環境についての異なるシナリオを作り、大規模農業改革に向けたより良い決断につなげようとしていた。**

ここに挙げたケーススタディのいくつかは、数年前に実施されたものである。その中で、どの「未来」が実現しつつあるかがほぼわかってきたケースもある。また、今振り返ってみれば、プランナーたちがいくつかの重要な出来事を見過ごしていたと思われるケースもある。しかし同時に、細かい点に違いはあっても、実際に起きていることにかなり近い全体像を描いていたシナリオもある。

これらのストーリーを読むときには、なるべくプランニング当時に戻り、その後起きたことは考えないようにしてほしい。参加者たちは、現在私たちが知っていることを知らなかったのだ。彼らは必死になにが起きるかを想像しようと努めていた。それを念頭に置けば、これらの事例からより多くを学べるだろう。

また、ここには企業の事例を挙げていない。理由は簡単だ。ほとんどの企業は、シナリオを戦略の重要な一部に位置づけている。つまり、それらは機密事項なので、ここに公開してライバルに見られては困るのだ。

最後に、これらのケーススタディは、奥深いシナリオ・プランニングのプロセスをかなり単純化して要約したものだ。これらの組織では、時には10数名の参加者が数か月にわたりプロセスに関わった。目をみはるような彼らの思考プロセス、知見、そしてストーリーをたった数ページに詰め込まなければならないのは残念だ。当然ながら、ストーリーに面白みを与える多くのディテールを省略しなければならなかった。だが、できるかぎり雰囲気が伝わるように、それらのワークショップと議論がどのように展開したかを段階ごとに描き、できる限りいちばん「おいしい」部分を盛り込むように努力した。

NEWS
Banking & Finance
Business & Economy
Stock Market

Ardgay
Elgin
Inverness
Stromeferry
1309
Mallaig
Scotland
Ft. William
1343
Grampian Mts
Ben Nevis
Forfar
Perth
Dundee
Oban
Stirling
Kirkcaldy
Greenock
Glasgow
Edinburgh

0.15
PLUCKING TEA
चाय चयन
भारत INDIA

Case Study: The Newspaper Industry

ケーススタディ①世界新聞協会

激変——浮かぶか沈むか？

文書によるニュースの拡散は、大昔から行われてきた。それは、ローマ時代に主に政府の官吏の間での通信手段としてはじまり、ときには大衆への告知にも使われた。もちろん、この時代の通信手段は印刷物ではなかった。ジュリアス・シーザーは石に出来事を記した。紀元200年頃の漢の時代の中国では、公式な通達は絹の布に手書きされていた。

手書きの通知は何世紀も続き、情報の伝達範囲はきわめて限られていた。その後、1400年代の中頃に、グーテンベルクが組み換え式活字を発明した。しかし、ヴェニス共和国で歴史上初のアヴィッゾ、つまり今日の新聞のようなものが発行されたのは、それから100年後の1550年代だった。1700年までに、こうした大衆紙がヨーロッパ全域とアメリカの主要都市で発行されるようになり、それからおよそ1世紀後に西洋からの影響を受けて、東洋にも新聞が伝来した。

今日の状況

現在、全世界で6000の日刊紙が発行され、4億人の読者に日々届けられている。週刊紙を合わせれば、その数はさらに増える。
というと、大成功のように聞こえるはずだ。だが数字だけを見ていると、新聞業界が重要な転換期を迎えていることがわからない。先進国では、新聞の収入の3つの柱——定期購読料、スタンド売上げ、そしてもっとも大切な広告収入——が減少しつつあるため、多くの新聞社の収益は厳しい状況にある。生き残れない新聞社が出てくることは明らかだ。

なぜ新聞業界は低迷するようになったのだろう？　ラジオとテレビが台頭しても、新聞は消えなかった。しかし、1990年代のはじめに、まったく新しい種類のライバルが現れた。24時間放送のケーブルテレビのニュースチャンネルだ。それが新聞の読者をじわじわと侵食しはじめ、やがてインターネットが普及すると、地すべりが起きた。読者は購読料を支払って新聞を読むかわりに、無料のオンラインニュースを読むようになっていった。発行部数の減少は広告料の低下につながり、利益をさらに押し下げた。新聞各社はさまざまな対策を講じた。たとえば、スタッフの解雇、給与削減、発行頻度の引き下げなどだ。身売りした新聞社もあったが、評価額は地に落ちていた。解散した会社もあった。残った新聞社は、今もモバイルや動画やソーシャルメディアを利用して必死に生まれ変わろうとしているが、結果はまちまちといったところだ。

反対に、途上国では、発行も流通も安上がりなことに加えて、中流層の拡大、識字率の上昇、インターネットへのアクセス制限などのために、新聞は成長している。たとえば、インドでは年率15パーセントで収入が伸びている。

したがって、新聞業界が危機にあるのは先進国においてである。過去数年間で損失に耐えきれず（または新しいビジネスモデルを取り込めず）、破たんした新聞社は驚くほど多い。ニュースペーパー・デスウォッチ・ドットコム（この名前だけを見ても悲惨な状況がうかがえる）というサイトには、2007年以来、アメリカで廃刊になった主要地方紙が10数紙と、オンラインまたはハイブリッドのモデルに移行した8紙の名前が挙げられている。これまでに、ロッキー・マウンテンニュース、シアトル・ポストインテリジェンサー、ホノルル・アドバタイザーといった老舗の新聞が廃刊となった。クリスチャン・サイエンスモニターとデトロイト・ニュース／フリー・プレスは紙媒体の発行規模を大幅に縮小した。その他、150紙が廃止されているが、その多くは過去10年間細々と苦労した非日刊紙で、2008年に始まった景気後退によってとどめを刺されたのだった。

シナリオ・プランニングを行う

パリに本部を置く、世界新聞協会（WAN – IFRA）は、各国新聞社が参加するグローバルな組織である。この組織は、言論の自由やジャーナリズムの質の向上といった高尚な使命を掲げているが、新聞社の繁栄を助けることもその核となる目標のひとつである。その目標が達成されていないことは明らかだった。

2007年、新聞業界がますます苦境に追い込まれていること（そして、今後しばらくそれが続きそうなこと）を感じた世界新聞協会は、2020年に向けて新聞事業がどのように発展できるかを、なんとか把握しようと考えた。

「今もまだそうだが、2007年にメディア業界は変革期にあった」。協会の副CEOであるラリー・キルマンはそう言う。「新しいデジタルメディアのプラットフォームの出現によって、業界は変わり続けている。残念ながら、未来予想や従来の予測は、てんでばらばらで役に立たない。そこで、2020年の未来の姿を理解するために、さまざまな情報を取り入れた、シナリオ・プランニングの手法を使うことにした」

ラリーと彼のチームが、ストックホルムに本拠を置くコンサルティング会社のカイロス・フューチャー社に話を持ち込むと、カイロスはすぐに作業にとりかかり、2008年1月に2日間のワークショップを企画した。このワークショップには、最終的に15か国から19の新聞社が参加することになった。

基礎固め

だが、まず最初に予習が必要だった。カイロスは、新聞業界がグローバルに直面する課題の全体像を描き、台頭するライバル、消費者のトレンド、複雑な不透明要因を明らかにするため、新聞業界のCEOやCOOを選び出し、彼らに取材した。取材対象は、オスロのアフトゥンポッスン紙、オーストラリアのフェアファックス・メディア紙、ニューヨーク・タイムズ紙などだった。カイロスはこの業界のリーダーたちに、広範な質問を投げかけた。一般的な質問もあれば、業界固有の質問もあった。次にその例を挙げよう。

一般的な質問

- もし未来が見通せるとしたら、なにが知りたいですか？
- あなたの考える現実的かつ楽観的な未来の理想像はどのようなものですか？

業界固有の質問

- 2020年に新聞のコンテンツはどうなっているでしょう？　それは2007年のコンテンツとどう違うでしょう？
- 新聞業界が2020年に成功しているためには、どのような大きな変化が必要でしょう？
- 2007年から2020年までに新聞の収入源はどう変わっているでしょう？
- 2007年と比べて、2020年における新聞のライバルはだれでしょう？　また、新聞はそのライバルとどう競争しているでしょう？
- 2007年と比べて、新聞は2020年にはどのような社会的役割を果たしているでしょう？

カイロスは、2007年の終わりから2008年にかけて、この1対1の取材と独自調査をもとに、新聞業界の未来を形作るような66のトレンド（これを「不透明要因」と呼んだ）の包括的なリストを作った。

その後、シナリオ・プランニングのワークショップが始まった。大人数のグループでの活発な議論を促すために、この66のトレンドの包括リストを対象に議論が行われ反対意見が交わされて、最終的に重要性順にランク付けがなされた。

19人の参加者は各自がもっとも重要と思うトレンドに投票し、その結果、今後10年間に対策が必要な重要課題として、次のものが選ばれた。

1　新しい収益モデル

当然ながら、新聞業界の経営陣が最重要課題として選んだのは、新しい収益モデルの開発だった。テクノロジーがそれを可能にすると感じていた経営陣は、リッチメディア広告やプロダクト・プレイスメント（広告タイアップ）、メルマガ、仮想空間といった、新たな新聞モデルの主要要素となりそうな、テクノロジーにもとづくアイデアを数多く挙げていた。

2　マルチメディア戦略

参加者は、新聞、テレビ、ラジオ、そしてウェブの垣根がきわめて低くなることも重要課題のひとつと見ていた。新聞はこうしたチャネルすべてに存在する必要があると考えられた。

3　ユーザー発のコンテンツ

個人がますます自分自身でニュースや意見を発するようになるため、新聞はなんらかの方法でこの新しい流れを取り込む必要があると思われた。これはまた、新聞がソーシャルなプラットフォームにもなり得ることを意味していた。

4　チャネルからコンテンツへの転換

読者はどのチャネルでニュースを見つけるかよりも、コンテンツ自体をより重要だと考えるようになっていた。したがって、新聞は、報道するコンテンツの内容にもっともふさわしいチャネルを選ぶ必要があると思われた。

5　ターゲット層の特定

選択肢や利便性が増すにつれて、読者は自分たちがいちばん興味のあるものをますます自由に選ぶようになるだろう。新聞は編集コンセプトに力を入れ、特定層を狙う必要がある。

6　さらなるモバイルの普及

Wi-Fi 接続のモバイル機器が一層普及し、それらはさらに小さく、速く、より使いやすくなるだろう。

7　人生をシンプルに

読んで字のごとしではないだろうか？　新聞の読者はよりシンプルなものに惹かれ、複雑なものを避けるだろう。

8　読者の細分化

最後の重要なトレンドは、チャネルとコンテンツの一層の増加が生み出すものだ。マス市場は、特定のトピックを追いかける多くのサブセグメントに細分化されていき、各チャネルやコンテンツの視聴者の規模はますます小さくなっていくと思われる。

得票はあったものの重要性は低いと思われたトレンドは、地元密着型の新聞と、オンライン専業会社が新聞のライバルになり得るかということだった。

これらのトレンドのいくつかは明らかに相互に関係していたため、参加者はその因果関係をまとめた。すると、異なるトレンド同士の因果関係の連鎖がぼんやりと浮かびあがってきた（特定のパターンの兆候が見えはじめた）。しかしまだ、肝心なディテールが欠けていた。たとえば、こうした出来事はどれだけ早く現実となるかといったことだ。言い換えれば、新聞はどれだけ素早く動かなければならないのか？

もっとも重要なトレンドはもちろんのこと、参加者がそれほど重要だと思わなかったトレンドを見てみるのもまた面白い。たとえば、最初の66のリストの中に含まれていたテクノロジーのトレンドのほとんどは、未来の姿を左右するような「分かれ道」となる要因として取り上げられなかった。たとえば、次のような項目だ。

・デジタル印刷
・インテリジェント・ペーパー
・Eペーパー（たためるディスプレー）
・高画質印刷
・位置情報メディア（GPSを使って地域のコンテンツや広告を提供できる）
・動画コンテンツ（視覚的コミュニケーションへの動き）
・プッシュサービス／RSS
・デジタルメディアを通した（広告の）効果測定とモニタリング

また、よりシンプルなライフスタイルへのトレンド以外には、66項目中ほとんどの人口動態または社会的な不透明要因は最終的に残らなかった。たとえば、次のものだ。

・グレー・パンサー（年配でより経済的な余裕のある読者）
・個人主義の強まり
・固定読者の減少と、浮動層の増加
・競合他社のサービスや価格に詳しい、「プロ」読者の増加
・読者の人生全般における選択肢の広がり

シナリオを作る

次はいよいよ、第2章で紹介した、シナリオの十字架を作る段階だ。カイロスのコンサルタントたちは参加者を小人数のチームに分け、それぞれのチームに、ビジネス環境を左右するような切り口となる縦軸と横軸を選ぶよう求めた。どちらの軸も、反対の方向性を持つ切り口でなければならない。またどちらの方向性も妥当なものでなければならない。

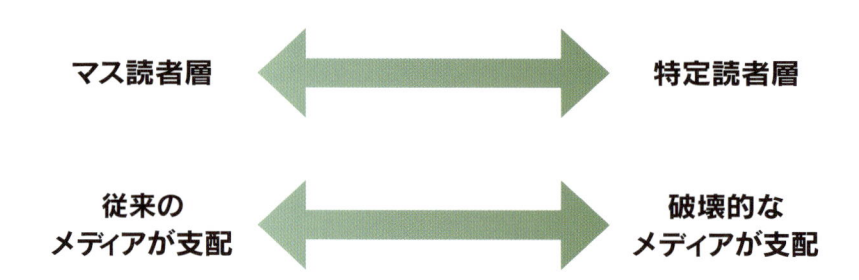

マス読者層 ←→ 特定読者層

従来のメディアが支配 ←→ 破壊的なメディアが支配

チームで意見を議論したのち、参加者全体でこのふたつの切り口を選んだ。いずれも、新聞社の競争力に大きな影響を与える可能性のある、解決されていない課題だった。

なぜこのペアに？

①マス読者を相手にするか、特定読者を相手にするか？

歴史的に見ると、いつの時代でも新聞の使命はマス読者が求める情報を提供することだった。たとえば、新聞はその地域の全員に向けたもので、ベジタリアンだけを相手にしているわけではない。それは今後も続くのだろうか？ マス市場が細分化され、自己選択的なグループが特定のテーマに注目し、関心のある事柄を地球上のあらゆる情報源の中から簡単に見つけられるようになると、未来の新聞は、地域住民全員ではなく、たとえばベジタリアンだけをターゲットにしたものになるのでは？

②従来のメディアが支配するか、破壊的なメディアが支配するか？

新聞はこれまで何世紀にもわたり、ほぼずっと現在の形で存在してきた。しかもその間、ひとつのメディア、つまり印刷物だけを使ってきた。この印刷物が物理的に読者に届けられ、読者はそれを手に取って読む。破壊的なメディアはすべて、印刷物以外の形式、つまり、さまざまな機器やチャネルを通してオンラインで届けられる。それらが普及し、根本から競争を変えるかもしれない。2020年の新聞業界では、これまで通り紙媒体が中心だろうか？ それともオンラインメディアが主導権を握るのか？ オンラインでニュースを検索して読む消費者が主流になるだろうか？

このふたつの軸を十字に組み合わせれば、4つの異なる未来の骨組みができる。その後、参加者は残りの時間を使ってシナリオを肉付けし、それぞれの未来のビジネス環境がどのように見え、感じられるかを描いた。社会はどうなっているだろう？ 消費者の態度と好みはどのようなものか？ テクノロジーの変化は、4つのシナリオにそれぞれどのような役割を果たすのだろう？ もっとも強力なライバルはだれだろう？

彼らは2020年がすでに到来したものと想定して、その時点から「逆向きに」それぞれのシナリオが実現するに至った、2008年以降の12年間のストーリーを書き上げた。

シナリオ・プランニングで大切なのは、未来の世界を考えるときに新聞業界だけを想像するのではなく（それだと視野が狭くなりすぎる）、人口動態、社会の姿勢、テクノロジー、その他の多くの要素がどう絡み合って、4つの異なる競争環境を特徴づけているのかを見ることだ。

参加者は、4つの基本的なシナリオを議論し、世界がどうなるかについてさまざまな細かいアイデアを話し合った。その後数日かけて、カイロスのコンサルタントは新聞協会と緊密に連携し、これらのシナリオに枝葉をつけ、4つの詳細なストーリーを作り上げた。

それではここで、マトリックスの右上の象限から、4つのシナリオを見ていこう。

NEWS
Stock market review
Recession
Credit Crunch
Economic Crisis

SCENARIO1　ユア・アイズ・オンリー
（破壊的なメディアが支配＋特定読者層）

ジェームス・ボンドの大ヒット映画のタイトルを借りて、この未来は「ユア・アイズ・オンリー」と名付けられた。
「印刷物は……急速に絶滅へと向かっている」。このシナリオはそんな書き出しで、いきなり核心に迫る。2020年に人々が見るメディアは、当然ながらインターネットだ。インクの香りのする印刷媒体にすがる少数派は存在するが、ほとんどの報道機関（だれももう自分たちを「新聞社」とは呼ばない）はオンラインに移行している。

だれでもどこでもアクセスできるウェブの世界では、ライバル同士の争いは熾烈であり、地域に関わらず読者を奪い合い、コンテンツにおいても競い合っている。「ニッチ」が業界のキーワードとなり、ニュース提供企業は狭い範囲に特化し、特定の話題に関するニュースの提供で独占的な地位を築こうと鎬を削っている。マスメディアはもう存在しない。したがって、ジャーナリストはただのレポーターではなく、その話題の専門家だ。記者の大半はフリーランスである。彼らが発信するニュースや情報は専門分野に限られ、質が高い。
印刷の必要がないため参入障壁は低く、新規参入者は後を絶たない。しかし同時に、この世界の巨人（グーグル、マイクロソフトなど）は豊富な経営資源を持ち、およそ毎日のように新サービスやアプリを立ち上げている。それに追いつくのは難しく、従来の新聞社の中で2020年に世界のトップ50に入るウェブサイトを持つ企業はないと思われる。

このシナリオが現実となったのは、2010年から2020年の間に新世代の読者が育ったことが大きな要因だ。この若い世代は、生まれたときからテクノロジーに囲まれていた。しかも彼らは、大人世代と違い、個人情報の共有を厭わなかった。自分の社会的関心に沿ってカスタマイズされたニュースや情報や娯楽を継続的に受け取るのと引き換えに、個人情報を喜んで提供したのだ。広告もまた特定層をターゲットにできる。広告の効果は高く、出稿料も上がった。

2020年には、読者自身がそれぞれポータルを立ち上げている。「デイリー・ミー」と名付けられた個人ポータルは特殊な情報ニーズに応えるニュースフィードを使って、特定層を狙った広告媒体としても使われる。また、「グーグル・グリッド」などの新サービスがメディア共有と保存のハブとなっている。「グリッド」はユーザーのオンライン上の「友達」が見ているものにもとづいてニュースを選別し、ランク付けする。この超細分化された世界では、どんなものにでもコメントをつけることができる。ユーザー発の情報はますます重要になり、ユーザーの貢献によって生まれたオンライン収入の一部をそのユーザーに支払うモデルも生まれている。

このシナリオでは、消費者がどこでもニュースを得られる携帯デバイスがますます活用されている。人々はニュースだけでなく、地域にタグ付けされた情報（特定の位置情報）も探している。シナリオ・プランニングのグループが想定したのは、次のような例だ。映画館の外に立っていると、そこで上映している映画のコマーシャルが流れる。レストランの外でメニューを見ることができる。またはそこからリアルタイムで情報が流れてくる。すべてに他のユーザーの意見やレビューがついている。混乱しそう？　だが、そのいいところは、たいがいの企業がこれまで以上に製品やサービスの質の向上に必死になることだ。消費者が24時間365日、ランキングやレビューをつけているので、そうしないわけにいかなくなるのである。
この世界で新聞社は繰り返し規模を縮小し、より小回りの効くデジタルメディアに追いつこうと再編を繰り返している。また新聞社は人材の獲得にも苦労し、これも痛手となっている。

参加者はこのシナリオを次のようにまとめた。
「新聞を読むのはエリートと老人だけだ」
エリートと老人を除くと、この古いメディアの世界は、以前とは根本的に様相が変わっている。

SCENARIO2　ダイヤモンドは永遠に
（従来のメディアが支配＋特定読者層）

第2のシナリオは、「ダイヤモンドは永遠に」と名付けられた。このタイトルからもわかるように、2020年頃にも新聞はまだ存在し、好調である。新聞は消費者から文化の中心的存在と考えられ、長い伝統に裏付けられた品質と信頼性を認められ、テレビやラジオやインターネットと無理なく共存している。

新聞が長年かけて築き上げた歴史と信頼が、オンラインの熾烈な競争から彼らを守っている。ウェブ上で次から次へと膨大な情報（本当にその情報は信頼できるのだろうか？）が生み出されていることで、なおさら伝統的な信頼度の高いメディアが適正に収集し、書き、裏付けるニュースの必要性は高まっている。
「信頼が成功と存続の鍵」。ブラジルの総合メディア企業、RBSグループのネルソン・シロツキーCEOはそう言った。「新しいプラットフォームが情報発信とその流通を民主化した反面、コンテンツがあふれすぎていて、中身は玉石混淆だ」
2010年代に、倫理より利益を優先したデジタルニュース会社の数々のスキャンダルが明るみに出ると、これらの新興企業に対する読者の信頼は崩壊した。その結果、この10年間に質への逃避が起きていた。

とはいっても、環境に変化がないわけではない。ひとつには、新聞は他のメディアに参入し、同じ系列のテレビ、ラジオ、ウェブとの境界線はあいまいになっている。というのも、テキスト、画像、音声、動画がもっとも適切なメディアの組み合わせを使って発信されているからだ。新聞は自分たちを「報道機関」と考え、チャネルよりもコンテンツに重きが置かれるため、ひとつの媒体に縛られることはない。

同時に、特に若い読者の間で個人主義が強まり、メディアはよりニッチな関心に対応する必要が出てきた。そこで、オンライン企業の買収の波が起きた。総合メディアグループは、ニッチ分野を自分で開拓する代わりに、既存の専門サイトを次々と買収した。業界の統合後、大手メディアグループ内には、特定読者の関心に応えるブランドのポートフォリオができあがっている。同じグループ内のサイトの間ではクロス・プロモーションが行われ、訪問者をそのグループ内に留めるようになっている。こうしたニッチ戦略を取るのは、消費者がそれぞれにいちばん関心のあるコンテンツを見たがっているからだ。個人情報を共有すれば、消費者は自分の経歴や興味に関連する商品やサービスの広告を受け取ることができる。概してメディアグループは消費者ニーズにより敏感だ。

2008年から2020年の間には、人々は新聞に内容の濃い報道を求める反面、ニュースの要約や速報をリアルタイムで知りたがるようになった。この間に生まれたキラー・アプリは、テレビとウェブとスマートフォンで同時に流される、短い地域ニュース番組だった。地域関連のブログと地方紙と地方局は、地元のイベントや、地元のスポーツゲームへのコメントと意見を報道し、国やグローバルなニュースにも地方色をつけていた。ニュースはきわめて地域性の強いものになった。
地元紙はこれを足がかりに、地元の団体、協会、クラブといったユーザー発の情報を自社サイトに掲載し、地元中心のコンテンツのプラットフォームに変わっていった。物やサービスを特定層に提供する地元の広告主がここに集まる。地元紙はこの新しい関係を強固な基盤として、検索エンジン最適化のエキスパートとなり、コンテンツ発信者と広告収入を分け合い、現実には媒体の仲介業者となっている。

最後に、デジタル印刷によりオンデマンド新聞が可能になった。エネルギー削減のため「不必要な品物の輸送」が環境法により規制されているこの時代に、それは欠かせないものとなっている。

SCENARIO3　ダイ・アナザー・デイ
（従来のメディアが支配＋マス読者層）

2020年までの10年間に、消費者がオンラインの情報洪水に悩まされてきたことが、この第3のシナリオの背景にある。しかも、そうした情報の大半は扇動的で中身がなく、信頼できないものだ。人々は裏付けのある伝統的なメディア、すなわち新聞に戻ってきた。新聞ならば、手堅く信頼できるニュースと情報が得られる。
その間、新聞社は消費者との関係をさらに強化し、その権威を利用して信頼度を高めるようなブランド構築に投資し続けてきた。それが奏功している。新聞は、大多数の人々に欠かせないものとなった。

消費者にとってますます時間が貴重になり、日々インターネット上にあふれるすべての情報を選別することに時間を浪費したくないと思う人が増えたことも、新聞社への追い風となっている。そうした望まない情報洪水の大部分をオンライン広告が占めていたため、多くの人々はフィルタリング・ソフトウェアによって広告をブロックしていた。消費者にとっては素晴らしいことだが、広告主は困る。結局、新聞という紙媒体の広告がふたたび魅力的になってきた。新聞広告はブロックできない！

しかし、この世界でもすべてがバラ色というわけではない。発行部数はまだ減少傾向にある。といっても読者が新聞を読まずにインターネットに移行したからではなく、新聞がオンラインメディアにはない得意分野に集中してきたからだ。つまり、ニュースを減らし、分析を増やすよう編集方針を転換してきたのである。ニュースはもはや、コモディティになっている。背景を描き、より深い記事を提供するということはつまり、すべての人々に総花的な情報を提供するのをやめ、特定の領域（たとえば、政治、スポーツ、娯楽など）をより深掘りするということだ。そうすることで、ブランドが強化され、評価が高まり、時には記者個人が注目される。しかし、新聞の読者層は以前より狭まり、発行部数も減っている。なかには、情報より娯楽の要素を強めてきた新聞社もある。これは、報道機関の真の役割を、業界自身が見直すことにつながっていった。

発行部数を増やすための努力のひとつは、購読料を無料にし、少額の配達料だけを取ることだ。限られたケースではこれがうまくいっていた。しかし、ほとんどの新聞社では編集方針の転換によって、紙面の質は上がり（印刷、グラフィックなど）、製造コストも上昇していた。それを無料でばらまくのは、かならずしも合理的な策とは言えない。

このシナリオでは、情報のカスタマイズはまだ一般的ではない。というのも、人々が個人情報の提供に消極的だからだ。したがって、新聞社は読者の特性に応じて情報をカスタマイズできないのである。
カイロスのコンサルタントは、このシナリオを「ダイ・アナザー・デイ」と名付けた。新聞は生き延び、より特化した戦略に集中し、今後もそれが続くと見られる。少なくとも今のところ、すべてうまくいっている。

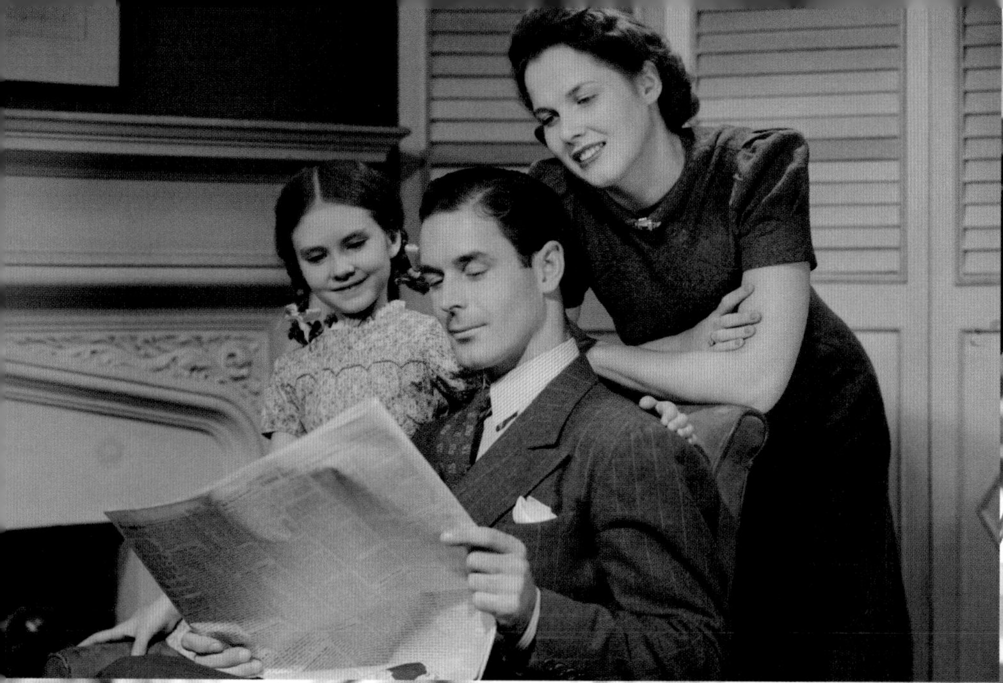

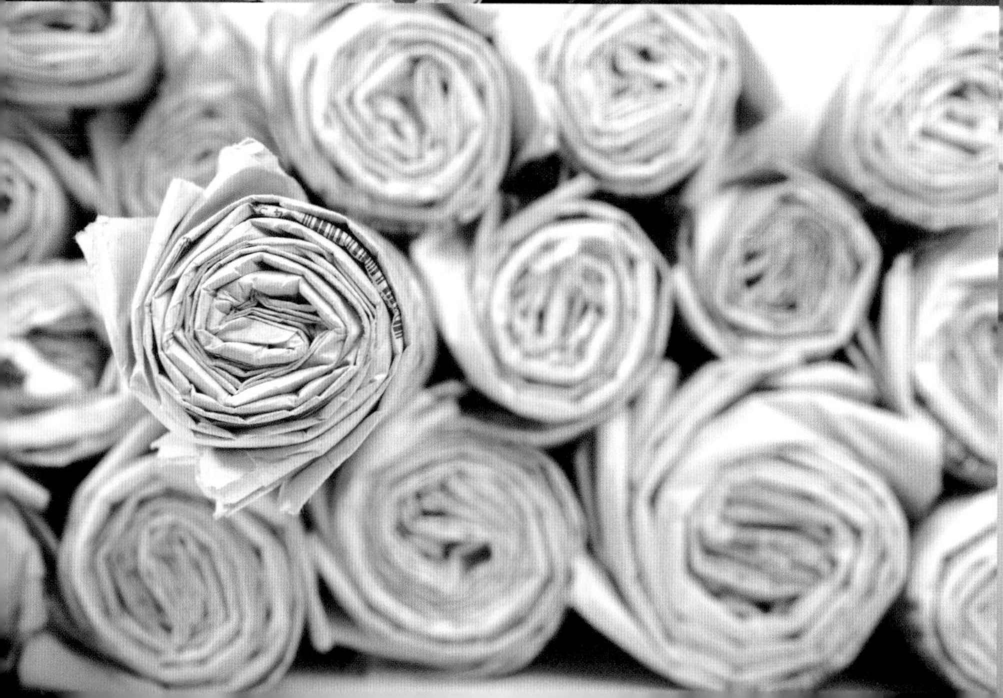

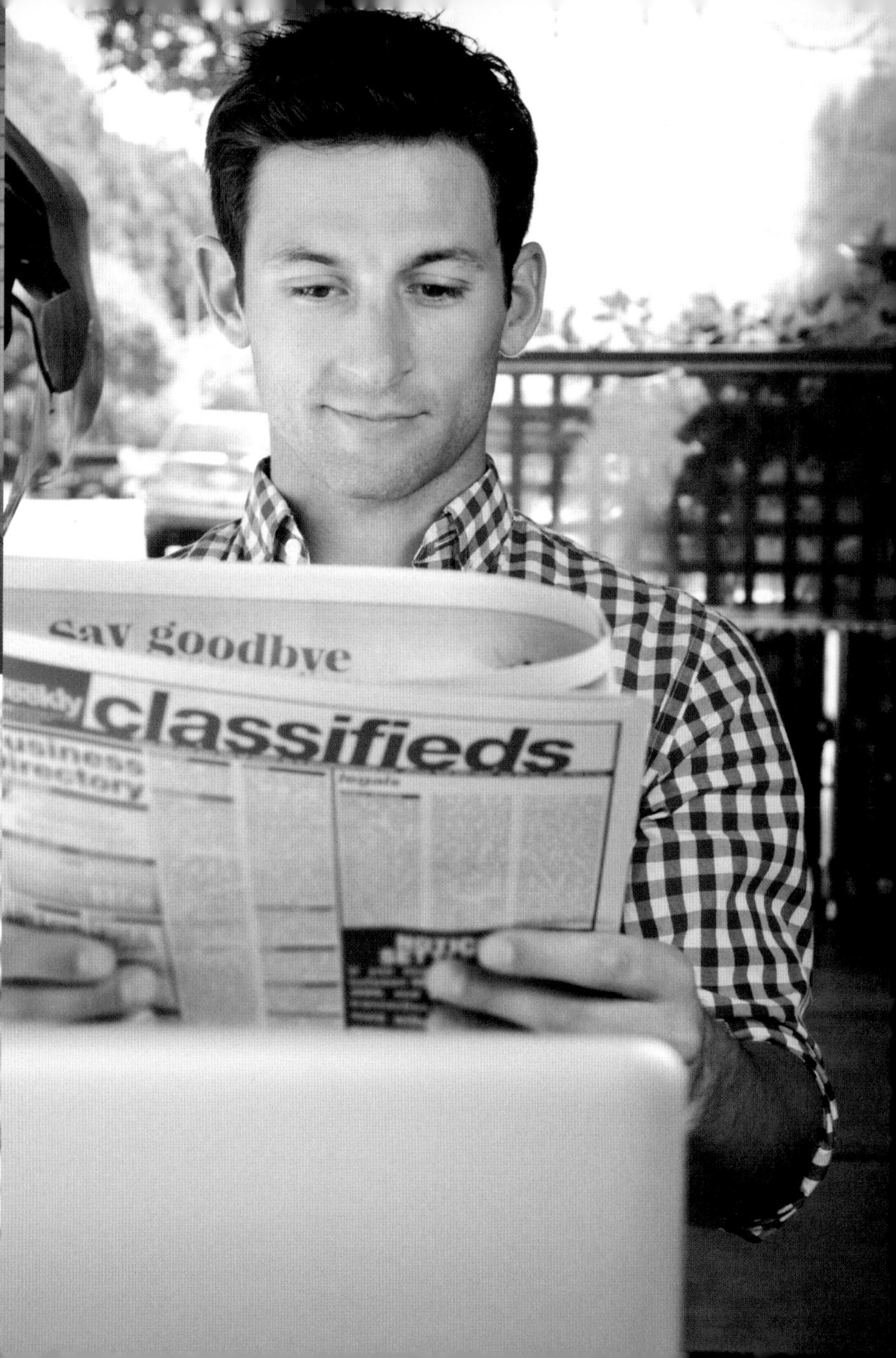
say goodbye
classifieds

SCENARIO4　サンダーボール作戦
（破壊的なメディアが支配＋マス読者層）

2020年の4つ目のシナリオは、仮想の巨人が登場し華々しいエンディングを迎える007のタイトルにちなんで「サンダーボール作戦」と名付けられた。このシナリオではインターネットが勝利する。人々は、メディアに関連することならば、かならずインターネットに向かうようになる。ニュース、娯楽、スポーツ、分析、意見、テレビ、映画、音楽、ゲーム。すべてがネットに収れんし、統合プラットフォームを通してすべてのサービスを提供する巨大企業がソーシャルメディアも兼ねるようになる。グーグル、マイクロソフト、そしてNBS（カイロスが仮想した、新しい総合コミュニケーション企業）が、2020年のメディアの巨人だ。

結局は総花的なニュースが求められていたことがわかり、特に若者はサイトをうろついてニュースを読んだり、ビデオを見たり、さまざまなサービスに参加して友達と交流したりしながら、ニュースを読む体験そのものを楽しむと同時に、みずからコンテンツも作っている。

興味深いことに、新聞は死んではいない。元気に生きている。しかし、それはグーグルのような企業によって発信され支配される、無数の情報チャネルのひとつとなっている。そうしたチャネルには、ユーザーが発信するものもあれば、非常に効率的なオークション広告料金によって支えられているものもある。グーグルは、たとえ紙媒体であっても広告主に最先端の正確な効果測定ツールを提供している。広告主は、結果に対して料金を支払うだけだ。

オンラインのニュースは、ユーザーの協力により生み出され編集される。ウィキペディア2.0はいい例だ。ここにユーザーからの文章、画像、簡単なビデオ、取材、地図データ、専門家の分析、コメントなどが寄せられ、信憑性を確保するためのシステムも組み込まれている。

これらを可能にしているのは、さまざまな先端テクノロジーだ。2020年の携帯デバイスは軽く、薄く、しかも安い。アップルはiPaperという折りたたみディスプレイを発売した。ユーザーはそれでニュースを読み、更新情報を受け取り、テレビや映画を見る。そうしたデバイスのおかげで、ニュースはより視覚的になり、3Dでも見られるようになった。周囲にはディスプレイが至るところにあり、たいてい位置情報にもとづいたニュースや一般情報が流れている。

同時に、インターネットは物理的な世界と強く結びついている。広告やテレビ番組はもちろんのこと、ほとんどの商品には専用のウェブサイトがあり、スマートフォンやその他の携帯デバイスでバーコードやタグを読み取れば、追加の情報や利用者の意見を見ることができる。

新聞がこの世界に居場所を見つけるのは難しい。ひとつの生き残り策は、ニュース収集のノウハウを使って、グーグルやNBSやその他の巨人の請負業者として独自のコンテンツを提供することだ。だが、それはブランド強化にはつながらず、記者にしろ営業にしろ、優秀な人材の採用は難しくなる。成功を目指すもうひとつの道は、ニッチ分野に集中することだが、それで広告主の支持を得られるだろうか？　最後の選択肢は、インターネットの大手企業に身売りすることだ。買収企業に報道人材を引き渡し、事業をたたむのである。

Now What?
さて、どうする？

当然ながら、4つのシナリオには、まったく違う2020年の姿が描かれている（ここで紹介したのは要約にすぎない）。CEOと戦略策定者には、自分たちの会社をその未来に備えさせる大仕事が待っている。しかも、そのうちのひとつのシナリオではなく、4つのシナリオすべてへの準備が必要なのだ。

現実はどうなっているだろう？

先ほどのシナリオ・プランニングのワークショップが行われたのは、2008年の1月だった。それほど昔でもないが、テクノロジーの進化が加速し、新聞業界に影響を与えるトレンドが変わる中で、4、5年の間にさまざまな変化が起きても不思議ではない。

実際この間、非常に大きな変化が訪れた。ワークショップの参加者は、2020年までにはなんらかの軽い携帯デバイスが業界の競争環境を変えるだろうと予想していた。現実には、それほど長い時間はかからなかった。2010年に、アップルがiPadを発売した。iPadのような機器がこの業界の未来を左右する要因となるかもしれないとワークショップが予想してから、27カ月後のことだった。
その点では予想が当たっていた。しかし、大きな疑問がまだ残っている。iPadや類似機器の出現は、1か4のシナリオが現れる前触れなのか？

それとも、iPadはただのツールで、報道機関が独自に提供するコンテンツの方が求められているのだろうか？　もしそうなら、新聞社にとってiPadは新たな媒体としてコンテンツを提供する素晴らしいチャンスなのか？　言い換えると、新聞を新聞たらしめるのは、紙なのか、それともコンテンツなのか？

あれから4年後の現在、新聞社はチャネルよりもコンテンツを支配することが重要であると結論付けているようだ。読者の好む形式を喜んで提供し、新しい革新的なプラットフォームがなんであれ、それに合わせて、アプリや電子書籍の形でコンテンツを配信している。要するに、出版元はよりよい読者体験を提供したいのである。これはワークショップでは挙がらなかったことだ。配信の形式は読者体験の一部ではあるが、すべてではない。鍵になるのはコンテンツだ。

ワークショップが正しく予想していた重要なトレンドがもうひとつある。シナリオ1で描いたように、フォースクエアやゴワラといった位置情報アプリのおかげで、レストランの前を通るとすぐに携帯電話でメニューを見られるところまであと一歩となっている。現在は、メニューの代わりにレストランのクーポンが手に入り、評価やレビューを見ることもできる。メニューが追加されるのは、時間の問題だろう。

しかし、このワークショップで予見できなかったこともある。ソーシャルメディアとその影響だ。たとえば、フェイスブックの話題は出たが、それが若者の生活の一挙手一投足にまで影響するとは、その時点ではわからなかった。協会が考えたシナリオの中には、2020年に人々が喜んで個人情報を提供することを前提にしたものもあったが、実際にはフェイスブックとツイッターを通して、データや意見や観察を共有すれば、数時間でコミュニティができあがる世界が現実のものになりつつある。こうした事象のいくつかは、新聞が従来担ってきた領域を浸食することになるのは間違いない。2011年に起きた北アフリカの政治騒乱は、目撃者によるツイッターへのつぶやきによってますます拡大した。今では緊急ニュースを知るのに従来のメディアより反射的にツイッターを見る人がますます増えている。ツイートは、正確でもないしプロの仕事でもないかもしれないが、その速報性を無視することはできない。

号外！　号外！
ツイートを見てください！

Case Study: The National Industries Corporation
ケーススタディ② とある島国の国家産業機構

経済発展の道筋を描く

これから取り上げる小さな共和国は、50マイルほどの距離に点々と散らばる10数の島からなり、面積でも人口でも世界最小国家のひとつである。またこの国は、地球上もっとも低地にある国家である。平均海抜は1.5メートルしかなく、気候変動の危機にさらされている国として注目されるようになった。悲観的な予測をする人は、温暖化傾向が改善しなければ、水位の上昇により国全体が沈んでしまうとも言う。

国家産業機構

50年前まで、この海抜の低い共和国は、地球上でもっとも孤立した場所のひとつだった。10万人の市民は、モールス信号とアマチュア無線だけで外の世界と通信していた。唯一の空港は古い緊急輸送用の滑走路で、島から島へ渡るにはボートでゆっくりと移動するしかなかった。銀行制度は原始的で、外国からの投資はほぼ皆無だった。魚以外のすべてのものを輸入に頼らなければならなかったため、生活必需品でさえ高価だった。

要するに、ここはまだ未開の地で、その未来に間もなく進歩が訪れそうな様子はなかったのである。

生活水準の向上と開発促進のためには、効率的な集中購買組織を早急に作る必要があると感じた共和国は、1960年代に貿易機構を設立し、それがやがて今日の国家産業機構（NIC）となった。そのもともとの使命は、燃料や必需品、建築資材、医薬品といった、さまざまな輸入卸売品や小売り商品の供給を確保し、地域経済の中で価格を安定的に保つことだった。

時の流れと共に共和国は発展し、太陽がさんさんと降り注ぐ楽園に海外旅行客が訪れるようになり、国に多くの収入をもたらした。生活水準が上がるにつれ、NICの使命も変化した。必需品や基本的なサービスだけでなく、より質の高いものや先端的な商品も輸入するようになったのである。

現在のNICの役割は、国家の収入源の拡大を助けることである。NICは親会社としてさまざまな子会社を保有し、石油とガス、セメント、屋根材、保険サービスなどの業界の合弁会社を傘下に収めている。その目標はさらに高い。NICのウェブサイトによると、この機構は多角化された多国籍企業を目指し、この国の企業として初の国際的な株式市場への上場を狙っているという。「我々は地元の製造業への投資を計画しており、イノベーションリーダーとして認められることを目指している」と、サイトで公表している。素晴らしい目標だが、どのような未来が訪れたらNICがそれを達成することができるだろう？

未来はどうなる？

2000年代の後半、NICはその答えを探そうと決めた。長期戦略を策定する中で、NICはこの共和国に投資を誘致するための具体的な方策、とりわけ観光産業（この国の主な収入源）とその他の国内産業への投資を集める方法を探そうとしていた。また、NICの各主要ビジネス領域では、国内の民間企業との競争がますます激しくなっており、NICは市場での地位向上を狙っていた。

未来がどうなるかを理解し、そのチャンスと脅威はなにかを探るため、NICは、シンガポールに本拠を置くコンサルティング会社アムプリオスの助けを借りることにした。アムプリオスは、シナリオ・プランニングの実施を勧め、その結果を戦略に盛り込むよう提言した。

2008年、アムプリオスのチームが動き始めた。彼らの最初の仕事のひとつは、NICの経営陣を助け、次の10年間に共和国の経済を動かすドライビング・フォースを見つけることだった。プランニングのチームは長いリストを作って議論を交わし、それらをいくつかのカテゴリーに分類した。

カテゴリーのふたつは「観光収入」と「漁業収入」と名付けられた。このふたつは島民の生活に大きな影響を与える産業である。「観光産業の成功は、共和国の未来に欠かせません」。プロジェクトチームを率いるアムプリオスの社長ウィルソン・フィッテはそう言った。「ですから、シナリオ・プランニングを通して、国際観光と長距離旅行のビジネス環境がどうなるかをしっかりと評価する必要がありました」

またその他にも、この国のビジネス環境を変える可能性のある構造的・環境的要因がそれぞれのクラスタに分類された。たとえば、「航空」と「船舶」のトレンドはこの国にどう影響するのか？　「不動産開発」はどうなるだろう？　「国内産業」の環境と地元の「政治的発展」は、NICの競争優位性をどう形作るのか？　共和国が「グローバル・ハイテクセンター」になることは可能だろうか？

「生活の質」、特に食糧と燃料の供給力についての問題も挙げられた。総合的な「自給力」もひとつのクラスタとして分類された。
最後に、難しい課題として「気候変動」のクラスタも作られた。

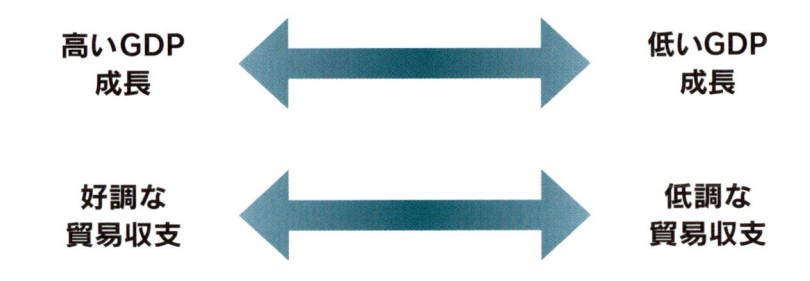

高いGDP成長 ⟷ 低いGDP成長

好調な貿易収支 ⟷ 低調な貿易収支

シナリオの骨組みを作る

未来のシナリオの具体的な姿と雰囲気を肉付けする前に、まずペアとなるふたつの要因を選び出し、シナリオの十字架を作らなければならない。この国の未来の姿を左右する切り口は、「GDP（国内総生産）成長」（高いか低いか）と「貿易収支」（国際取引の量と活発さ）の大小だと参加者は結論付けた。

アムプリオスのコンサルティングチームは、このふたつの変数を軸にして、4つの象限を持つマトリックスを作り、それぞれのシナリオにこの国の未来を反映するような名前をつけた。
チームはこれら4つのシナリオを事細かに描いた（実際、細かすぎてここに載せられないほどだった）。次頁以降のアムプリオスの報告書（の抜粋）を読めば、これらのシナリオがどれほど深く考えられているかがわかるだろう。

シナリオ・プランニングのチームは、前段階で定義された11のカテゴリーに含まれる無数の未来の出来事や重大事件をもとにして、それぞれのシナリオを作り上げた。たとえば、4つのシナリオすべてに、この島の不動産開発、航空事情その他の視点から見た未来の姿が描かれていた。もちろん、これらのクラスタはシナリオごとに異なり、それが程度の違いという場合もあれば、根本的に違うこともあった。
ここで、シナリオ1（「グローバルな勝者」）をこの事例の基本シナリオとして紹介し、他のふたつのシナリオ（「グローバルな貿易国」と「地域のプレーヤー」）をその変形として紹介しよう。しかし、4番目の「安全な隠れ家」は、根本的に違うシナリオだ。ここでは暗い未来が描かれている。

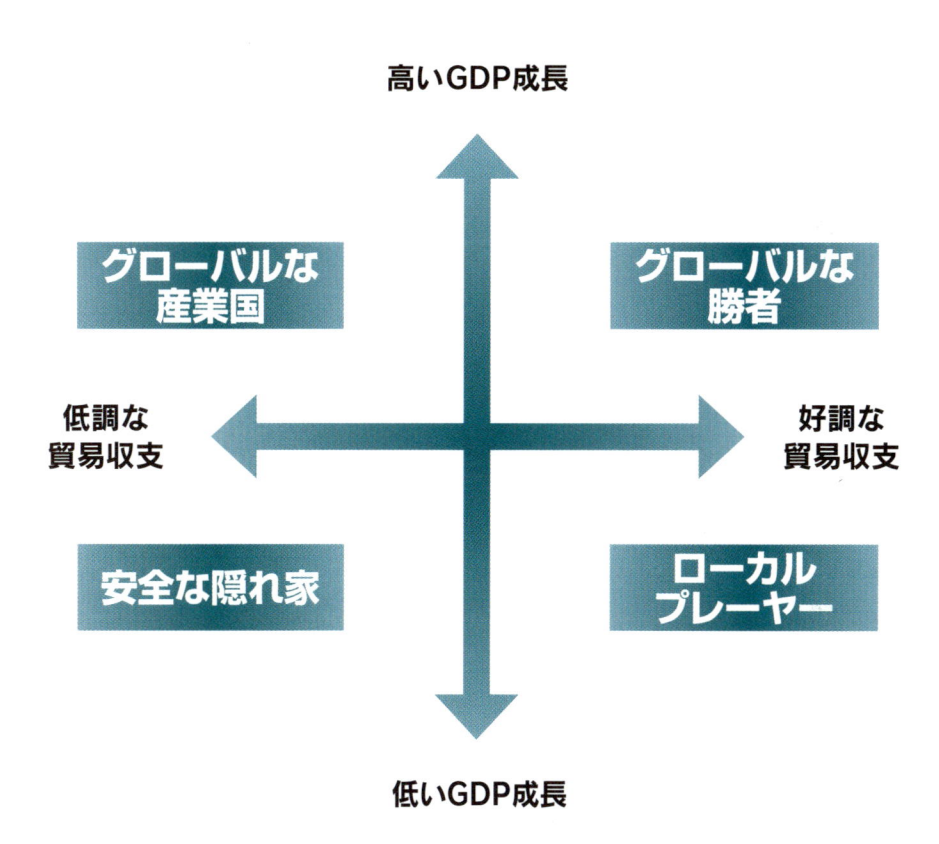

SCENARIO1　グローバルな勝者
（高い GDP 成長＋好調な貿易収支）

名前からもわかるとおり、共和国は GDP の高成長と活発な貿易によって繁栄している。アムプリオスは、このシナリオ下では次のような状況になると予想している。NIC にとって、有利な要素が多く存在する環境である。

経済／ビジネスの展開
- 政府は国外債務の額を減らし、支払い負担を軽減している。債務返済のために、国有企業の一部を売却してきた。
- インフレ率は 6 パーセントを切っている。
- 法制度は国際的な水準となり、これが海外からの直接投資をもたらしている。
- 国内に起業インキュベーターが存在する。
- 国内輸送とロジスティクスに十分な投資が行われてきた。
- 首都以外で、1 万 5000 もの雇用が生み出された。

生活水準
- 国内の全世帯に、24 時間電気が供給されている。
- 島と島の間ではフェリーが定期運行し、周辺諸島での公共交通が改善された。
- 高齢者に年金が支給されている。その財源の一部は新たな企業税と個人税だが、老人ホーム産業もまた一部を負担している。
- 政府の医療保険制度を通して、すべての国民は基本的な医薬品を手に入れることができる。
- 国内経済の大幅な改善により、島外に移住していた島民の U ターンが増えている。

航空産業
- ブリティッシュ・エアウェイズが首都への低価格運行を開始したことが、本島での3つ星観光の発展を助けている。他の島で4つ星や5つ星のホテルに泊まる観光客の新たな選択肢になっている。
- 新しい空港施設に投資がなされている。国際航空貨物ターミナルは改修され、空港での手続きも改善されてきた。

海運
- 主要港では、積載施設に多額の投資が行われた。大型船の安全航行のために海底の土砂を採掘する浚渫（しゅんせつ）プロジェクトも進行中だ。コンテナ置き場も改善されている。
- 以前にはなかった港湾とロジスティクスの企業群が生まれてきた。
- 島の間の貨物取扱サービスの費用を削減するため、双胴船が導入された。

環境変化
- 燃料源の10パーセントはクリーンエネルギーとなっている。
- ガソリン自動車は、電気自動車に置き換えられている。
- 1メートルの水位の上昇にも耐えうるように、中心地の建築基準が変更された。

漁業収入
- 国際的な水族館との取引のため、観賞魚用の養漁場が作られた。

自給力
- 屋上の水耕農園のおかげで農作物の自給率が改善された。GDPにおける農業の割合は5パーセント上がった。
- 地産プロジェクトのおかげで、以前に輸入していた産品のうち5、6品目は自給されるようになっている。
- 国内企業が小麦供給を確保するため、カナダの小麦農家に大きな投資を行った。

観光収入
- 国際的な騒乱やテロ事件はなく、ヨーロッパ、北米、アジアからの海外旅行に影響を与えるような自然災害も起きていない。
- 原油価格は引き続き上昇しているが、今のところ4つ星や5つ星の観光業に大きな影響はない。
- サンゴ礁海域の中で、この共和国はもっとも人気のある旅行先のひとつとしての地位を保っている。
- 国全体の衛生状況が改善し、特に観光リゾート地域でいちじるしく改善している。
- ダイビングをしない観光客向けに、首都に水族館を開館した。

SCENARIO2　グローバルな産業国
（高いGDP成長＋低調な貿易収支）

このシナリオと「グローバルな勝者」のシナリオのいちばんの違いは、共和国の国際貿易の水準、特に観光産業が低調なことだ。これが経済全体の足を引っ張っている。主な違いは、次の通りである。

経済／ビジネスの展開

・観光インフラへの投資は今も奨励されているが、海外からの観光旅行は停滞し、これらの投資は効果を上げていない。

観光収入

・国際的な緊張が続き、テロリズムへの有効な解決策が見当たらず、自然災害も起きたことが、海外旅行産業への大きな打撃となっている。
・原油価格の高騰（長距離の航空運賃の値上げなど）によって、4つ星と5つ星のリゾート予約が減少し、観光施設の稼働率が下がった。
・サンゴ礁の美しい熱帯リゾートの間の競争が激化し、このセグメントにおける共和国の高い地位が脅かされている。
・豪華なビジネス会議の場所としてのブランディングにはあまり成功していない。

航空問題

・空港は改修されたが、海外観光客が減少したために、稼働率は低いままである。

SCENARIO3　ローカルプレーヤー
（低いGDP成長＋好調な貿易収支）

このシナリオは、「グローバルな勝者」のシナリオと決定的に異なる点がいくつかある。

経済／ビジネスの展開

・低調な国内の事業活動は、良し悪し両面の効果がある。国内物価が安いために、海外投資家から見て魅力が増したビジネスもあり、外国からの直接投資を誘致するための担当庁が設置されている。その一方で、一般消費者は高価なサービスを受ける経済的な余裕がないため、政府はさまざまなプロジェクトに介入し、補助金を与えている。一部の新設されたインフラの利用料金に反対する人も多い。
・税収は目標に遠く及んでいない。
・政府プロジェクトはそこそこの成功にとどまり、首都以外では5000人の雇用しか生み出していない。
・移民のブルーカラー労働者と地元民との対立が懸念の種となっている。
・ガソリン自動車を電気自動車に置き換える政府のプログラムは成功し、雇用を生み出し、この国の新たな3つ星観光産業にも恩恵を与えている。

生活水準

・電気は国民の8割に24時間届いている。
・島と島の間にフェリーが運航しているが、ここへの投資はなかなか進まず、政府が補助金を出している。
・高齢者には年金が支給されているが、国内景気が低迷しているため、年金の財源となる企業と個人からの税収は期待に届いていない。
・国内景気の低迷と、好調な貿易収支によって、技能を持つ市民は海外での魅力的な雇用条件を提示されている。国内に熟練技術者が不足しているせいで、

「グローバルな勝者」のシナリオに示された、グローバルなテクノロジーの中心地となるようなプロジェクトをなかなか実行できない。

航空産業
・空港施設は改修されたが、投資が行われるのは主に観光産業が恩恵を受ける場所だけで、地元民に恩恵はない。
・ブリティッシュ・エアウェイズが開始した首都への低価格運行は非常に成功し、3つ星観光を支えている。というのも、景気低迷によって国全体で物価が低く保たれているからだ。

SCENARIO4　安全な隠れ家
（低い GDP 成長＋低調な貿易収支）

これは他のシナリオと違い、共和国の陰鬱な未来の姿を示している。といっても、最悪ではない。理想的とは言えないまでも、この未来の中で、政府はグローバルなEラーニングセンターを設立し、世界的に高い水準の電話医療センターを作り、国際的に評価の高い研究センターを設置している（これらはすべて、他の3つのシナリオにも含まれている）。

先ほどのシナリオと同じく、長距離の海外旅行は、原油価格の高騰、地震、国際的騒乱、そしてテロリズム（おなじみの混乱）によって打撃を受け、共和国への旅行者も減少している。さらに、地元経済の低迷が加わり、税収は目標に届いていない。したがって、さまざまなインフラ建設のプロジェクトは延期されるか、計画より遅れている。その上、政府はいくつかの赤字のプロジェクトに補助金を与えるはめに陥っている（公共交通の料金など）。

このシナリオは、特に次の点で他の3つと異なっている。

・政府はインフレ率を6パーセント未満に抑えようとしているが、原油価格や他の輸入品価格の上昇によって、それは難しい状況にある。貿易赤字は数年間減少し、また増加し始めた。
・起業する人はあまりない。
・地元経済の低迷で、教育レベルの高い市民は海外に職を求めざるを得なくなっている。技術者が不足しているため、期待されたグローバル・テクノロジーセンターの運営は困難である。
・海底光ケーブルで共和国と最寄りの大陸をつなぐ（そこから世界へとつながる）計画は、国内経済が回復するまで延期されている。
・24時間電気が通じているのは、全世帯のわずか6割である。

Now What?
さて、どうする？

このシナリオ・プランニングでの大きな収穫のひとつは、近い将来起こりうる観光産業の低迷を、経営陣や政府よりも先に捉えたことだった。

陰鬱なシナリオが生まれると、その場に信じられないという雰囲気が流れ、経営陣のひとりは、こう大声を出したと言う。「あり得ない。もしそんなことが起きれば、この国の企業の4割は倒産してしまう！」 別の経営幹部は、会議室の外で携帯電話で話しながら、廊下を行ったり来たりしていた。30分ほど話したあと、その経営幹部は会議室に戻ってこう言った。「本当だ。旅行代理店からの電話で、韓国の旅行者が来年の予約をすべてキャンセルすると言っている」

しかし、いいこともあった。このシナリオの中で描かれた事業機会のひとつが、翌年動き始めたのである。熱帯の海洋生物学にもとづく医薬品開発のために、ヨーロッパのある組織と合弁会社を立ち上げたのだ。
シナリオのどれが起きてもいいように備えていた共和国政府は、2010年に待ち望まれていた国内の住宅供給プログラムのために多額の準備金を調達する計画を立てた。

アムプリオスは、これまでにない資金調達のアイデアを提案した。それは、この国のいちばん目立つ資産の一部を現金化すること、つまりいくつかの島を丸ごと貸し出すことだった。しかし、アムプリオスが考えたのは、ホテル業界に頼んでリゾートを建設してもらうことではなく、これまでに開拓されていなかった新しい市場セグメントを開拓することだった。そのセグメントとは、これらの島にシンクタンクの施設を開発し運営するような企業または学術組織である。55年間の賃貸契約を1200万ドルで一括前払いしてもらおうというのだ。共和国の北半分にある4つの島が、賃貸契約の候補地となり、借り手探しの告知キャンペーンが始まった。

天国のような南の島に、自分たち専用の研究開発・研修・会議施設を欲しがるのはだれだろう？

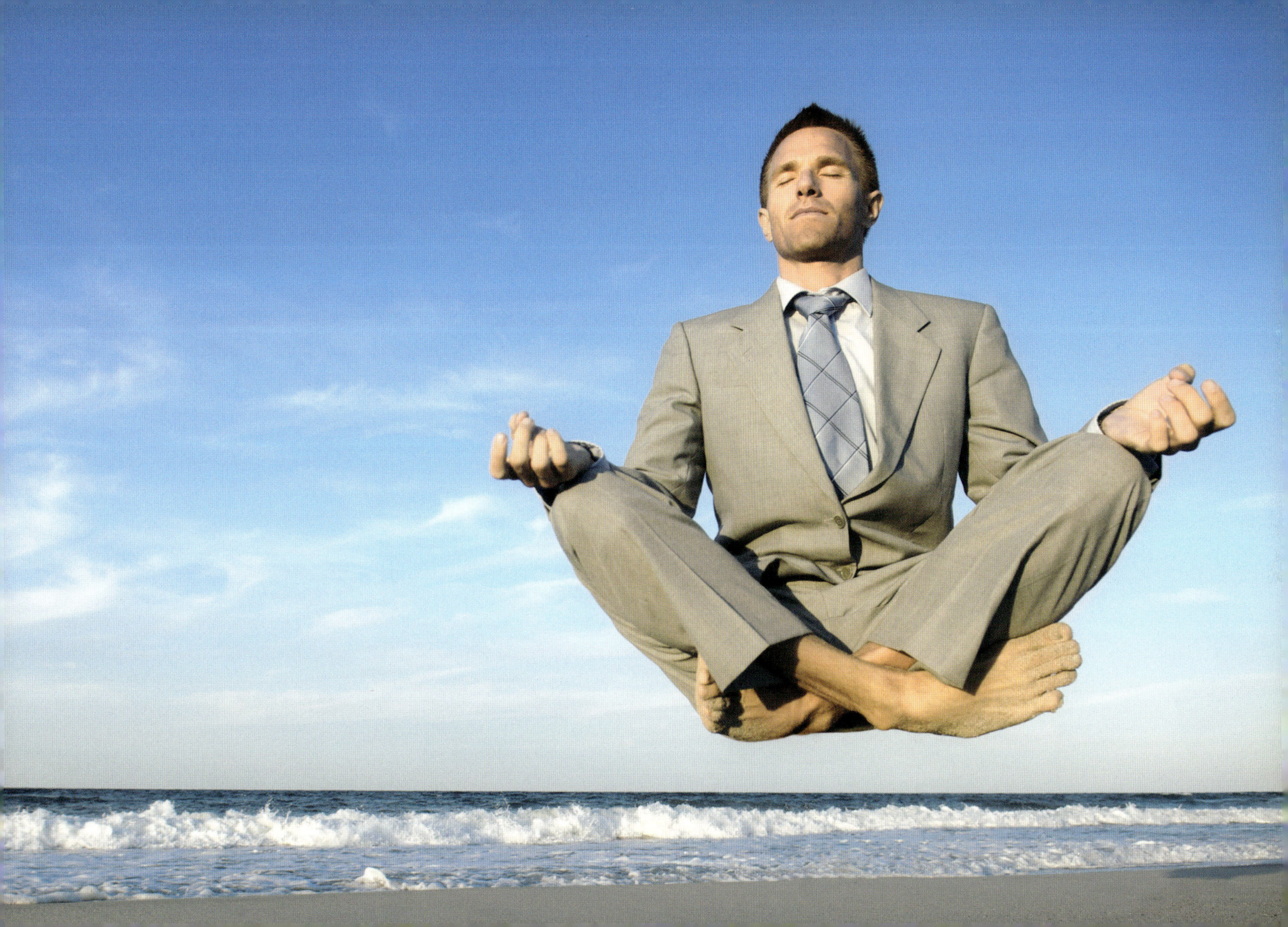

Case Study: Government of India and World Bank

ケーススタディ③ インド政府と世界銀行

10億の人口を養う農業セクターを、どう改革するか

世界の農業セクターの未来は、今起きつつある多くのグローバルトレンドに大きく影響される。農業（と農村の生活様式そのもの）に、次のような変化の影響が直接降りかかってくるだろう。

- 世界の人口増加によって、農作物生産者は、数百万ずつ増え続ける人々に供給するだけの食糧を生産しなければならなくなる。
- 都市化の進行により、郊外が浸食されて耕作面積が減り、農業から労働力が流出する。
- 新興国でより高い所得水準を楽しむ膨大な中流層が生まれる。彼らは親の世代よりも食べる量が多いだけでなく、より多様な食べ物を求める。
- 天然資源への脅威、とりわけ水不足が農業の足かせとなる。
- 技術進歩によって農業の生産性は上がる。

こうした変化をインド以上に注視する国はないだろう。10億を超える人口を抱えるインドでは、今も農業は自給自足の手段であり、市場のニーズを満たすまでには至っていない。

実際、インドの農業は停滞気味だった。世代から世代へと土地を分割する制度は、農民の生活を貧困の縁へと導いた。制度を揺るがすような出来事が起きると、たとえばエネルギー価格が上昇すれば、政府は毎回介入せざるを得なかった。その結果、規制はつぎはぎだらけになり、複雑な補助金の制度が設置され、その両方が農業分野の活力を削いでいた。1億2500万の農家が、政府の定めた固定的な制度の中で身動きがとれなくなっていた。

どうしたらインドの農業を改革できるのだろう？

未来に向けたシナリオ・プランニングへの取り組み

2004年、インド政府は世界銀行と共に、この難問に取り組み始めた。その目標は、インドの農業を改革し、より市場中心で、収入と雇用を生み出せるセクターにすることだった。それには、3つの条件が満たされなければならないことを政府は理解していた。

1　バリューチェーン全体に、イノベーション（テクノロジーと組織の面で）が必要だった。
2　農地を統合し、規模の経済を生み出すような環境作りが求められた。
3　その過程で立ち退かされる人々の受け皿となる雇用が必要となった。

さらに、農業研究とテクノロジーに多額の投資が必要とされたが、こうした投資が還元されるまでには、相当の年月がかかる。農業研究のプロジェクトはたいがい長期にわたり、特にインドのような広い国家の場合は、その研究結果を実践するのに、さらに何年もかかる。しかし、投資判断は今行わなければならない。

したがって、これはシナリオ・プランニングを必要とする典型的な状況であることを、インド政府のリーダーたちは、はじめから理解していた。未来がどうなるかを描けなければ、数百万の人々に影響を与えうる、深刻で莫大なお金のかかる決定を下すことはできない。

当時、世界銀行ではふたつの部署がインドと共にこの仕事に取り組んでいた。南アジア農業農村開発（SASAR）と農業農村開発局（ARD）である。彼らは、シナリオ・プランニングを使えば有益な指針が得られるだろうと提案した。シナリオ・プランニングの過程から未来を左右する要因が浮かびあがり、インド政府が適切な農業政策と十分な投資を行うことで、どんな環境にもしっかりと備えができるだろうと考えたのだ。

この取り組みの大きなメリットは、彼らの言葉を借りると「未来はかならずしも過去の継続ではないということを共通認識する機会」を参加者に与えてくれることだった。農業セクターに従事する異なる主体（たとえば、民と官）の協力が当たり前ではなく、数千年前からの慣習が残る国にとって、これは非常に重要な点だった。

チームを作る

SASARとARDがこのプロジェクトを率いることになり、まずはじめにインド側の共同プロジェクトリーダーとして、インドの国家農業イノベーションプロジェクト（NAIP）の長官を迎え入れることを決めた。世界銀行は、シナリオ・プランニングのファシリテーターとして、シェル石油の戦略策定責任者でシナリオ・プランニングの大家のひとりであるキース・ヴァン・デル・ハイデンと、彼の仲間のロン・ブラッドフィールドを選んだ。まず、ワシントンの世界銀行の本部でこのプロセスが始まり、それからムンバイに移った。

ここで、インドの政治、経済、生態学、社会と文化の専門家にチームに参加してもらう必要があるのは明らかだった。しかも、プロジェクトを成功させるには、高い地位の参加者が必要だった。
最終的なメンバーは、次のような人々に決まった。

- 農業分野のリーダー
- 農業省の上級官僚
- インド農業研究協議会（ICAR）の議長と副議長たち
- 数校の国立農業大学の副学長たち
- 農作物加工業、貿易業、マーケティング組織のリーダーたち
- NGOのシニア・リーダーたち
- 寄付者代表
- 農業開発の専門家

目標を決める

シナリオ・プランニングの現実的な目標はどこに置くべきだろう？ 優秀なシナリオ・プランナーの例に漏れず、ヴァン・デル・ハイデンとブラッドフィールドは、これが未来を予知するための試みではないことを、はっきりと参加者に伝えた。むしろ、インド政府が次のふたつの質問に答えるための判断材料になるような知見を提供するのが、このシナリオ・プランニングの目標である。

まず、さまざまな環境でインドの農業政策が成功するには、どのような制度を設計すべきだろう？
というのも、インドの農業は今後10年から15年の間に起きる大きな変化に対応できなければならない。したがって、意思決定者は賢い政策を立てるだけでなく、その政策を実施する組織を設計する必要もあった。
次に、インドはどのテクノロジーを追求すべきか、そしてインドの農業研究制度はどのような役割を果たすべきなのか？
その上で、参加者たちは、未来の戦略に共通する3つの基本目標を次のように決め、シナリオ・プランニングの間つねに念頭に置いておくことにした。

- 十分な食糧を供給する
- 資源を維持する
- 貿易を促進する

さあ始めよう

シナリオ・プランニングの最初の一歩は、どのような課題やトレンドがインドの農業に影響するのかを知り、その背景を理解することだ。そこで、数多くの、いわゆる「その道のプロ」が取材の対象として選ばれた。対象となったのは、政府、農家、民間、学術機関、国際援助団体といった異なるステークホルダーの専門家たちである。

専門家の知見を得ることで、農業セクターが長期的に直面する不透明要因をよりはっきりと理解できると思われた。

「その道のプロ」への難しい質問

11名の「その道のプロ」が取材対象として選ばれ、ニューデリーで個別取材が行われた。彼らに問われたのは、ある基本的な質問だった。
「未来のインドの農業におけるもっとも深刻な問題はなんでしょう？」

この簡潔な質問は、課題と懸念を引き出すのにもってこいの問いである。この質問への答えの中に、今後数年間の農業セクターにおけるもっとも重要な不透明要因があるはずだ。
専門家の答えは、次の4つのテーマに収れんした。

1　水
未来の世代に十分な水源が確保されるだろうか？　インドはどのように持続可能な水資源を確保するか？

2　政府対市場
これからのインドにおける農業の進歩に支配的な役割を果たすのはどちらだろう？

3　農村部のコミュニティ
農業手法が進化するにつれ、コミュニティはどのように変化するだろう？　現在進行している農村部から都市への人口流入は、どのくらいの速さで進むだろう？

4　農村部の住人
どうしたら彼らの声を反映させることができるだろう？

シナリオ・プランニングの参加者たちもこの4つのテーマをきわめて重要だと考えた。

未来を左右するドライビング・フォース

シナリオ・プランニングの核となる約24名の参加者が、ムンバイでのワークショップに集まった。参加者はまず、取材を受けた「その道のプロ」の意見をもとに、2005年から2030年までの25年間にインドの農業開発を左右する主なドライビング・フォースを考えた。

参加者は、全部で200項目にもわたるドライビング・フォースを挙げた。いつものように、参加者はこの200項目をひとつひとつポストイットに書き出し、会議室の壁に貼り出した。

次の段階は、それらを大項目に分類することだ。今回は、200項目すべてが9つのテーマに収まった。この9つの領域で、2030年までのインドの農業開発に大きなインパクトを与える変化が起きると思われた。その9つのテーマとは、次のものだ。

1　政府と政治
2　法律環境
3　社会問題
4　マクロ経済環境
5　市場
6　知識と情報
7　農家
8　天然資源
9　気候変動

それぞれのテーマの下に200項目すべてが収まった。200項目は、たとえば与信枠から、家族構造の変化、土地利用の転換、農家の保守性、バイオテクノロジーによる生産性への効果まで、きわめて多岐にわたっていた。

項目は多様だったが9つのテーマにまとまっていたために扱いやすかった。さらに単純化するために、テーマ間の因果関係が議論された結果、参加者たちは未来の不透明要因の核心となる部分を、2、3の「重要な切り口」に落とし込むことができた。この「重要な切り口」とは、本書の第2章で紹介した、未来の展開を左右するような、「分かれ道となる」大きなトレンドである。

この場合の切り口は、次のように定義された。

経済運営

インドの経済はより自由化され、市場寄りになるだろうか？　それとも、これまで以上に国家が統制し、中央管理されるようになるのだろうか？

社会背景

農村部の人々は、コミュニティの中でさらにお互いに頼り合い、秩序ある生活を送るようになるだろうか？　それとも社会的なつながりが希薄となり、貧困に苦しむ人々はさらに底辺に押しやられるのだろうか？

地球温暖化

温暖化は、農作物や水源維持に悪影響を与え、インドにとって大きな打撃となるだろうか？　それとも、それほどの打撃にはならないだろうか？

30の提案

シナリオ・プランニングのチームの仕事ぶりは素晴らしかった。200項目のドライビング・フォースを挙げ、9つの大きなテーマに分類したのである。
その綿密な思考の一例として、30項目をここに紹介しよう。これらは、「市場」のテーマに分類された項目だ。

- 農業の商業化
- 市場の欠如
- 多角的な取引機会
- 都市化
- グローバル貿易の機会

- 市場の構造作り
- 高品質
- 付加価値を高めるためのブランド育成
- 消費者の好み

- グローバル競争と協調
- 国内市場の改革
- インフラの開発
- 地域市場の強化（国としての統治能力）

付箋1（オレンジ）:
- 食習慣の転換
- 食物需要の変化
- 畜産物の潜在価値
- 民間セクターの発達
- 私企業との提携

付箋2（オレンジ）:
- エネルギー費用
- 燃料価格
- 資本市場
- 与信
- リスク管理
- リスク管理と保険

付箋3（黄）:
- 多国籍企業の役割
- 巨大市場
- 「超市場化」
- 長期的価値対市場原理主義
- 費用対効果
- 契約農業

3 ケーススタディ

The Scenario Matrix: First Attempt
シナリオ・マトリックス　第1回目

参加者たちはこれらの重要な切り口を組み合わせて、インドの未来のシナリオを作る段階に進んだ。ここでは、はじめのふたつの切り口を軸として、いつもの 2x2 マトリックスを作りシナリオを定義することにした。
9 つのテーマに分類された 200 項目から浮かびあがった、「分かれ道となる」切り口は次のふたつにまとまった。

協調的
社会的な平等
共有が進む　⟷　個人主義的
ひとりひとりの力
細分化が進む

社会背景

統制
されている　⟷　市場化
されている

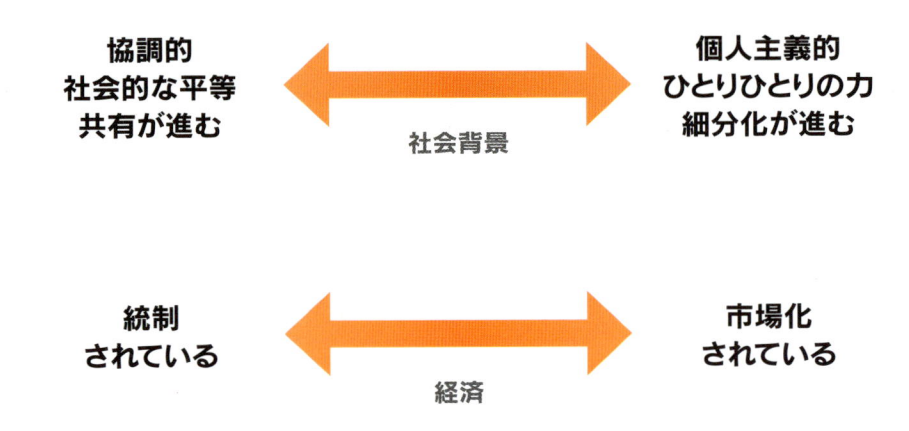

経済

3 つ目の切り口である地球温暖化については、4 つのシナリオに共通する切り口と考えるのではなく、そのうちのひとつのシナリオに組み入れることにした。したがって、シナリオ・マトリックスは次のようになった。

協調的
社会的な平等
共有が進む

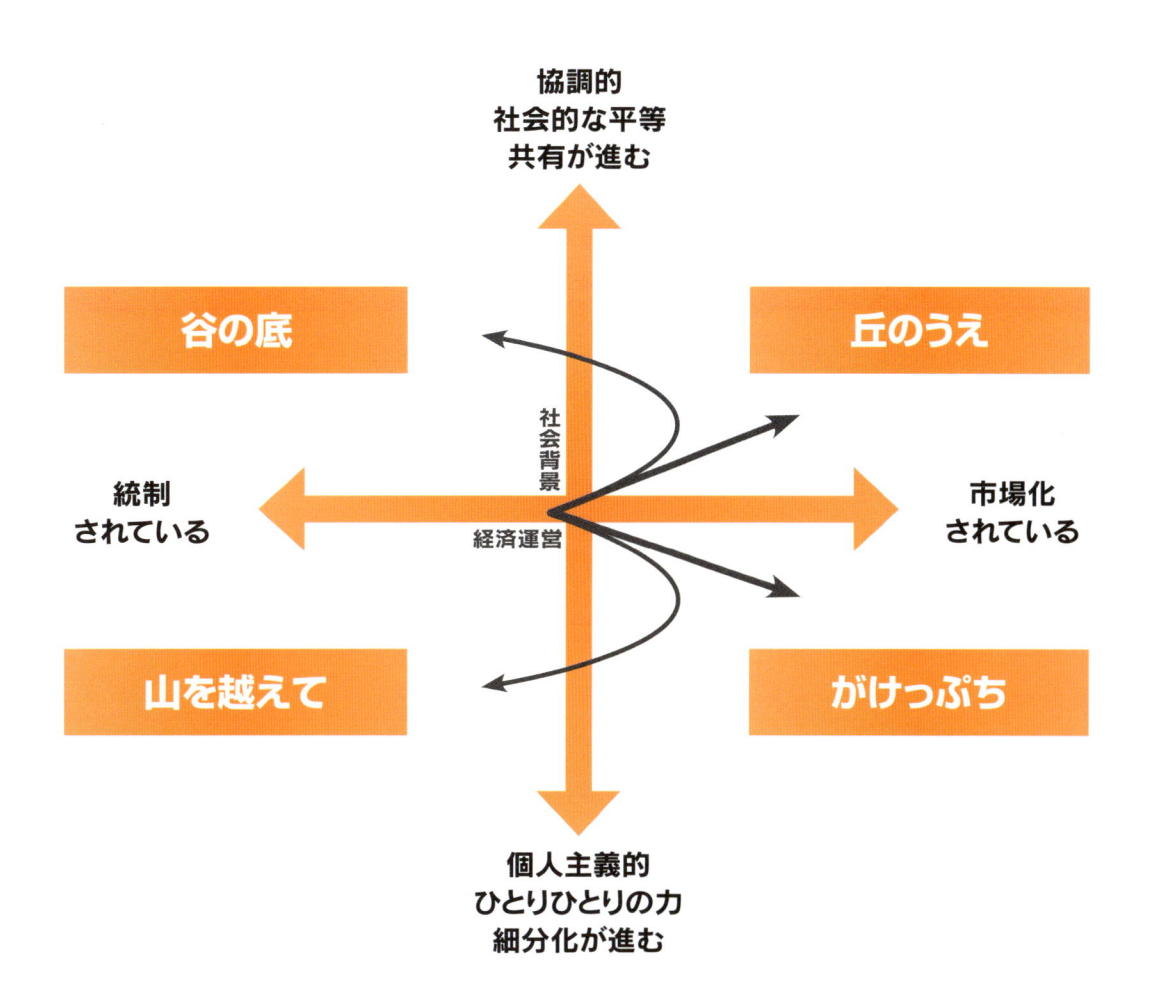

谷の底　　　　　　　　　　　　**丘のうえ**

社会背景

統制されている　←――――――――――→　市場化されている

経済運営

山を越えて　　　　　　　　　　　**がけっぷち**

個人主義的
ひとりひとりの力
細分化が進む

歴史的にインド経済は統制されていたが、自由化へ向かっている。したがって、4つのシナリオすべてが、市場の自由化が続くという暗黙の了解からはじまる。しかし、4つのうちふたつのシナリオでは、自由化は後退している。シナリオはそれぞれ、「谷の底」「丘のうえ」「がけっぷち」「山を越えて」と名付けられた。

SCENARIO1　谷の底
（統制経済＋協調社会）

「谷の底」と名付けられたこのシナリオのスタート地点は、インドの人々が社会的な協調を望み、政府の経済統制をかなりの部分受け入れることを前提にしている。したがって、前の図の中の矢印が後退する。

平等な社会の実現のために、人々は代償を支払っている。それは比較的低い経済成長（3パーセント）と、生産性の向上の遅れだ。しかし、経済成長は低くても、ほとんどの国民が成長に参加し、その恩恵を受けることができる。

このシナリオには、地球温暖化の厳しい影響を組み入れている。

SCENARIO2　丘のうえ
（市場経済＋協調社会）

「丘のうえ」では、国民は協調的な社会を強く望みながら、同時に生産性を大幅に向上させる市場のインセンティブをも求めている。このふたつの目標が衝突することもある。とりわけ、制度がある種の外的な脅威にさらされる場合や、このふたつの目標が両立しない選択を強いられる場合にはそうだ。

その場合には、社会的な目標が経済的な目標よりも優先されると参加者は考えた。しかし、このシナリオでは今後30年間で、インドは市場経済の健全な基盤を作ることができると描かれている。

SCENARIO3　がけっぷち
（市場経済＋細分化された社会）

「がけっぷち」は、インドの最優先課題を経済開発とするシナリオだ。高い経済成長のために、インドはこれまで以上の社会的な格差を受け入れる準備がある。こうした格差こそ、生産性を上げるインセンティブとなると考えられる。

世界銀行の報告書の抜粋によると、「このシナリオは、どこまで経済優先の考え方が進めば社会が格差に耐え切れなくなるのか、協調的社会を求めて政府が市場に介入するのはどの時点かを模索するものだ」。言い換えれば、社会はその利益のために、あるところまできたら開発と成長を制限するだろうことを、このシナリオはほのめかしている。

SCENARIO4　山を越えて
（統制経済＋商業的な社会）

「山を越えて」と名付けられた未来では、市場の自由化が進み、社会に節度がなくなった。自由化が行き過ぎたため、人々はより統制された経済に戻ることを要請するまでになる。

このシナリオでは、強力だが前向きな政府の統制の影響を描いている。多くの困難が持ち上がるが、最終的には前向きに解決されるという想定である。

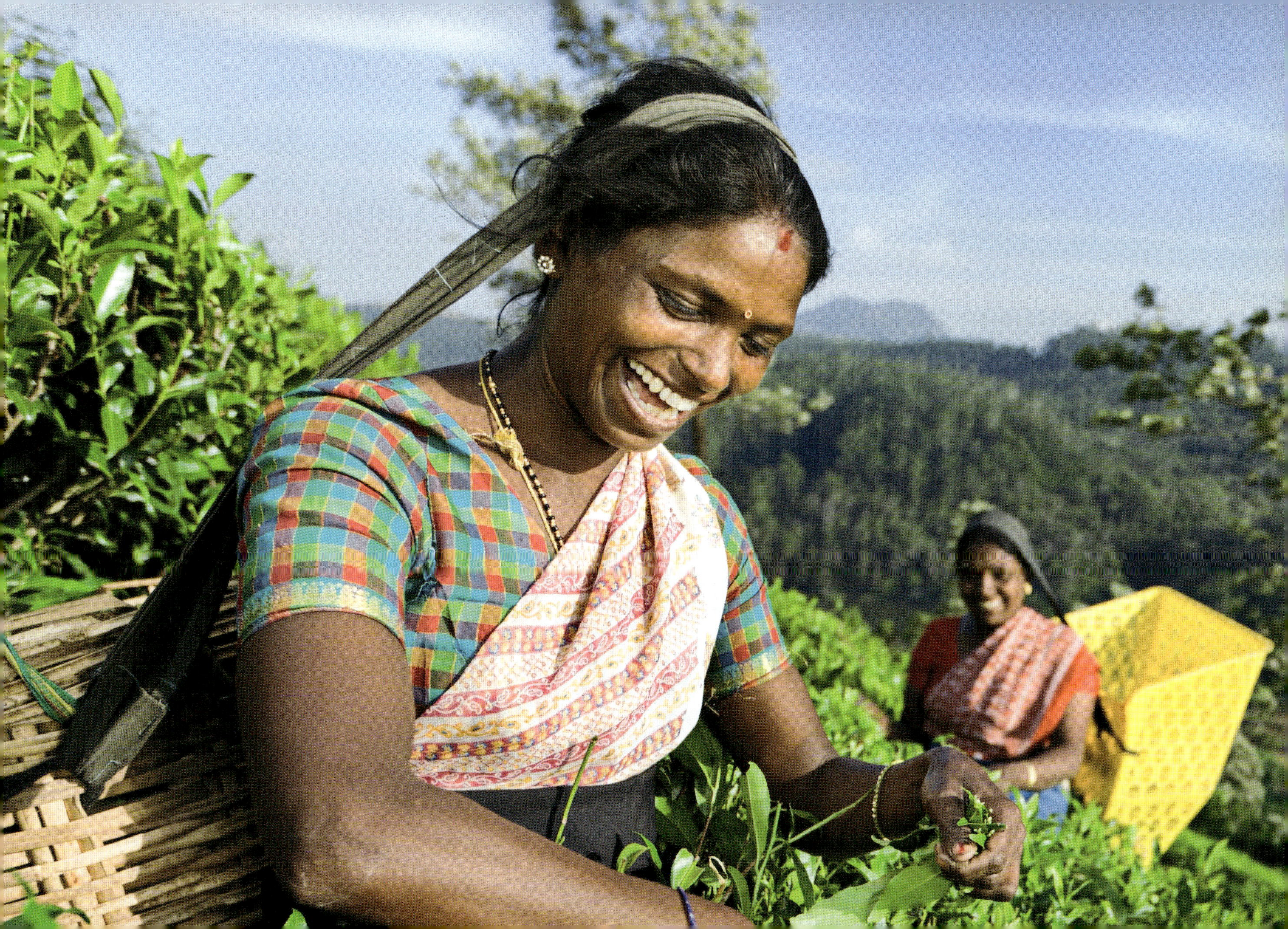

The Scenario Matrix: Second Attempt
シナリオ・マトリックス　第2回目

その後、4つのシナリオを細かく描いたストーリーの草稿ができた。そして、仲間内だけでなく多くの外部の専門家から、草稿への裏付けとフィードバックを得ることになった。すると、外部の専門家がいくつかの矛盾を発見し、変更点を指摘した。

たとえば、多くの専門家は <mark>「山を越えて」に問題があると指摘した。</mark> インドの民主制度のもとでは、緊急事態でもない限りシナリオに書かれていたような方法で政府が農業セクターに介入することはできないと専門家たちは主張したのだ。

そこで、シナリオに緊急事態が書き加えられた。この追加でシナリオ全体の筋が通るようになった。ストーリーに違和感がなくなったのである。
また、専門家たちはシナリオに含まれていない事柄を指摘し、より一貫性のあるストーリーを描くための助言を与えてくれた。その中には技術的な指摘（水管理と安全の問題など）もあれば、政策に関するもの（農業への海外直接投資の可能性と、どのようにそれが起きるかなど）もあった。
シナリオチームは草稿を書き直した。今回は、より明快でわかりやすいストーリーができた。4つのシナリオの名前はそのままだったが、切り口がより明確に定義され、以前と少し違うものになっていた。

変更されたシナリオのマトリックスが次の図である。ここでは、ふたつの切り口（シナリオマトリックスの軸になるもの）を定義する言葉が変わっている。
未来を左右する切り口は、次のように表現された。

- 未来のインド社会の主流となる価値観はなんだろう？　平等と公平か。それとも生産性と効率か。
- インド経済の管理運営に関して、政府の統制が強まる方向に向かうだろうか、それともさらなる自由化に向かうだろうか？

ここで、新しい2030年のシナリオが細かく肉付けされた。そのストーリーを紹介しよう。

<mark>外部専門家のフィードバックはなにものにも替えがたい！</mark>

平等への要請

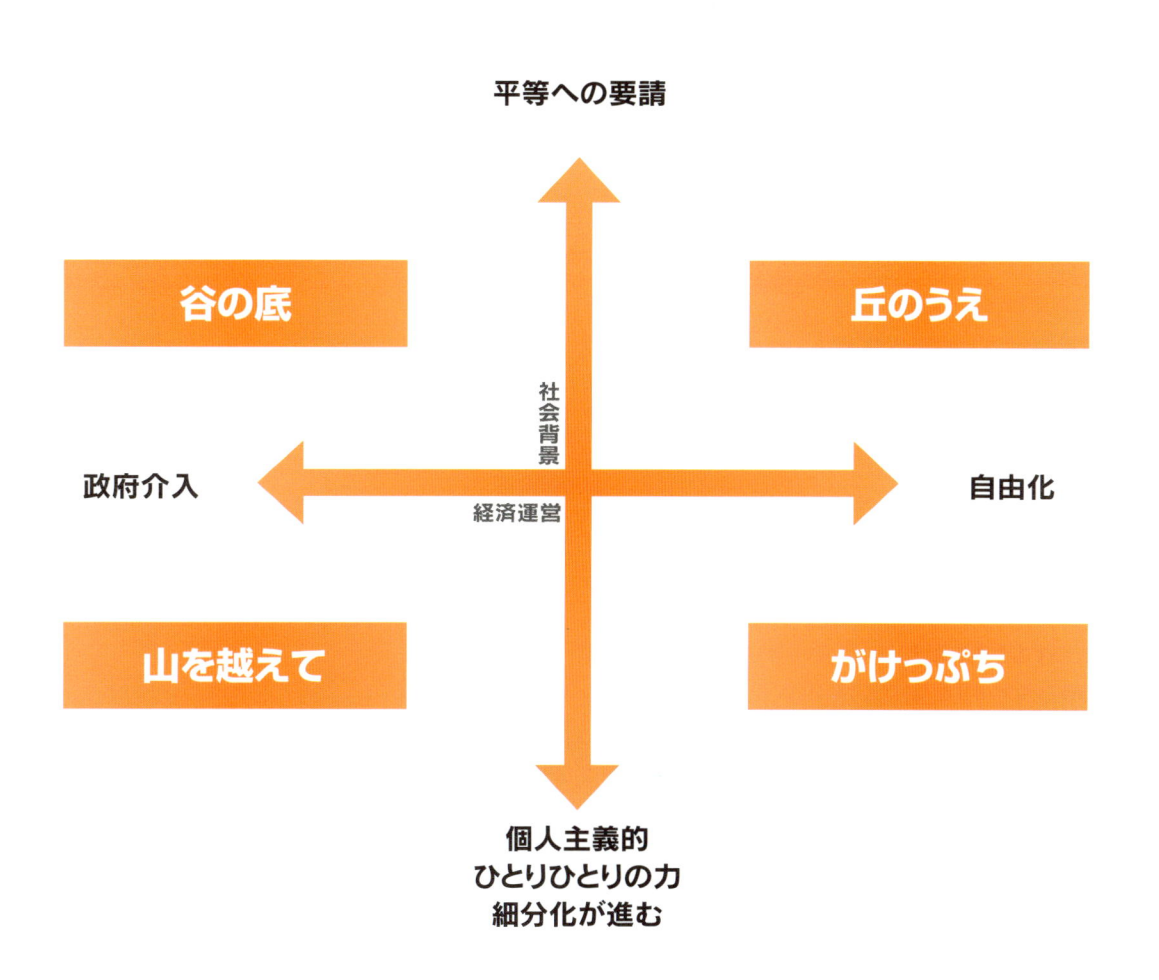

谷の底　　　　　　　　　丘のうえ

社会背景
政府介入 ←―――――――→ 自由化
経済運営

山を越えて　　　　　　　がけっぷち

個人主義的
ひとりひとりの力
細分化が進む

3　ケーススタディ　115

修正 SCENARIO1　谷の底

政府は、規模の拡大よりも灌漑地の面積の増加と新しいテクノロジーの導入に力を入れた農業政策を進めてきた。進歩はあったものの、この政策によって零細農業は続き、農家は低収入にとどまっている。また、製造業はなかなか拡大せず、農業労働者をすべて雇用することはできない。その結果、行き場を失った人々は村へ戻ってくる。農業改革は失敗し、統合による大規模化と効率化も行われていない。しかし、インドのサービス産業は急成長している。残念ながら、それによって貧困層と富裕層の格差がますます広がり、それが人々の憤りを増幅させて、インドの社会的・文化的な価値観を揺るがせている。最終的に、この耐えがたい状況が政治的な圧力となり、このシナリオのおよそ道半ばの時期に行われた選挙でインドは左傾化し、有権者は計画経済に向けた政府の介入を要求した。

高い累進課税と収入の再配分によって、政府はセーフティネットを張り、最貧者と社会の底辺で苦しむ人々を厳しい景気の波から守っている。
新たな規制と保護主義的な貿易政策によって、2030年までにインドへの投資魅力は薄れてきた。その結果、経済成長は鈍化し、インドはグローバル経済から隔離され、WTO（世界貿易機構）からも脱退することになった。

世界銀行の報告書によると、この2030年のシナリオをもとに描かれたストーリーは次のようなものである。

熱帯作物であるモロコシの栽培農家は、比較的安定した生活を送っている。少量の生産でも、政府に保証された農作物市場が存在するからだ。農村に住むバサンティは、あまり競争はないが、生活水準が低いまま固定された世界に生きていた。公共の研究制度を通して、米と小麦の新種がいくつか提供される。この制度の中にいる零細農家には選択の余地はない。国と地方の農業生産委員会が土地と水の利用を決定するからだ。

雨で育つモロコシの需要は水不足が進むにつれて高まっている。畜産業はモロコシの主要消費者ではなくなった。低品質のモロコシでさえ現在は必需品となり、栄養価の高い食物として食糧自給を支えている。

少量の農作物が、地域の女性支援グループによって加工され、地元の学校や病院の給食として提供されている。ネオナショナリズムの波や、伝統的な食習慣を改革しようとする社会活動家の女性リーダーは存在するが、加工食品や畜産業界はほとんど拡大していない。投資を引き入れるような成長の可能性と外部の支援がない中で、肉類と加工食品の供給だけでなく、今では食品加工機器をも中国に頼っている。

政府主導の経済介入政策のおかげで、予期せぬ問題や困難にぶつかった農家は救済される。政治家には農民票が欠かせないため、この政策は確実に続くだろう。農村の有権者は、政府が資源配分を決めることを望んでいる。このシナリオ期間のある時点で、深刻な水不足が起き、国が配給計画を立てる事態に発展した。

修正 SCENARIO2　丘のうえ

このシナリオには、全体に楽観的なムードが漂い、インド経済にとって正しいことをしようという意志が現れている。この前向きな姿勢が、政府に改革を進める自由を与え、長らく忘れられていたインド農村部へ民間投資を呼び込む基盤ともなっている。

国民の間に「生産性の向上が社会の発展につながり、社会の発展もまた生産性を向上させる」という共通の理解が生まれ、インド農村部はもはや問題地域ではなく、大きな経済発展の可能性を秘めた市場だと見られるようになった。

インドの農業セクター改革の成功のカギを握るのは規模の経済だという考え方が、すべての出発点となった。統合は必須だと思われた。しかし、零細農家の再編成によって仕事を失う農民を路頭に迷わせないためには、農業労働者を採用する製造業セクターの成長も必要だった。

政府はまず、農村部への投資と開発を進める包括的な政策を実施した。そうすれば、その後農民たちはいくらかの貯えを備えて、その土地を離れることができる。そのためには、魅力的な投資環境が必要だった。政府は改革案を段階的に実施し、移行の影響を受けるセクターと人々を助けた。

教育、研修、社会基盤もまた整備された。政府の官僚制度も無駄を省き、より透明性を高めてビジネスに優しい方向に変わり、労働法も近代化された。こうした改革のおかげで、インドに投資が流入しはじめた。特に、インドの熟練労働力とコスト競争力が差別化要因となる軽工業（靴、繊維など）には投資が集まった。

「丘のうえ」の2030年のストーリーは、次のようなものだ。

起業家精神にあふれた前向きな雰囲気の中で、強い社会の一体感と責任感に裏打ちされた段階的な開発は、インド農村部の経済に快適な変革をもたらしている。

海外に移住していたアジットは25年ぶりに故郷のビハールに戻った。アジットは、民営化の進展と州政府の無策によって引き起こされた危機のさなかにインドを離れた。故郷の村は、清潔で平和な地域に変わり、住人は健康で教育を受けていた。アジットの兄弟（政治家のラムーと畜産輸出業を営むケザフ）と妹（さまざまな社会活動を行っている教師のアニタ）は、充実した人生を送っている。叔父は輸送サービス業を経営している。

農村部ビハールの変革が成功したのは、ビジネス主導の成長と社会規範の強化（積極的な政策提言を通して強化された）を意識的に進め、雇用を確保したことが原因だ。魅力的な投資環境を作ったことで資金が流入し、地域経済があらゆる企業や産業を後押しし、研究開発、医療、社会基盤そして教育分野の民間投資も拡大した。投資の大半は民間資本であり、商業規制や規範に従って行われていた。農村部の非農業セクターの雇用は拡大し、農業セクターからの労働者が流出するにつれ農場の規模は拡大し、たとえば家禽飼料用のモロコシといった、土地や穀物の集中的な利用の選択肢が増えた。ビハールの鶏肉製品（グローバルなブランドの傘下にある、さまざまな種類の肉製品）は幅広い消費者の支持を集め、それが畜産セクターの中でより優良な企業を生み出し、地域の雇用を促進し、収入の増加と生活環境やライフスタイルの改善につながっている。

製造業が拡大する地域での魅力的な雇用機会が存在することで、零細農家は土地を離れて、プロが経営する大規模な農業会社に持分を統合するようになる。これまでに1億人の農業労働者が転身に成功している。この総合的な政策は、「経済の現実とインド的価値観の組み合わせが素晴らしい結果につながった模範事例」だと考えられている。

修正 SCENARIO3　がけっぷち

このシナリオは、「谷の底」と多くの点で対照的だ。「がけっぷち」シナリオでは、生産性の高い層だけが繁栄することをインド社会は受け入れている。貧困層は、社会的平等という中身のない掛け声よりも、機会の均等により高い価値を認めている。2030年の政府の優先課題は、インドの競争力を上げることだ。それはつまり、教育水準を上げると同時に資金を調達しやすい環境を作ることである。その両方が経済成長を後押しする要因だと思われている。

だが繁栄の一方で、人々はある種の社会的なトレードオフを強いられている。

大都市の周辺には発展から取り残された浮浪者が増え、政府はそれを放置しているばかりか、浮浪者の権利を認めるようになっている。犯罪は増加し、安心は脅かされている。

政府が取り組むべき問題は、生産性を上げ成長を促すインセンティブを生み出しながら、それがもたらす社会不安を抑えることである。健全な自由市場を創出するために、政府は規制と制約を緩和した。投資が流入し、開発が進んだ。官僚制度、社会基盤、流通の信頼性など、すべてが大幅に向上した。

農業はどうだろう？　統合が速いスピードで進み、報告書の言葉を使うと、「新たな競争社会の中で、零細農家は絶滅した」。農民は都市に移住し、製造業の仕事を難なく見つけた。とはいえ、何世代も家族が受け継いできた土地を離れるのは簡単なことではなかった。土地を持たない農業労働者たちは、なかなか仕事を見つけられなかった。この層の失業率は今も高どまりしている。

一方で、機械化された大規模農業会社が農地を買収し、機械やその他のテクノロジーに莫大な投資を行ったおかげで、2次的な効果が発生していた。農業セクターの生産性が大きく向上しただけでなく、機械や技術を提供するテクノロジー企業の生産性も上がったのだ。現在、こうした大規模農業会社は、農村部のさらなる成長を目指してその他の下流領域の地域開発も進めている。

世銀の報告書に描かれた2030年のストーリーは次のとおりだ。

純粋な公立大学で教育を受けた最後の世代の3人が、同窓会で顔を合わせた。仕事にも資産にも大きな変化があった彼らの人生は、がらりと形を変えていた。

**アルピタは、農業人口の大規模な流出（特に零細農家や土地を持たない労働者は、市場の力に押し出され、都市部や村に食い扶持を求めて移住していた）によって、ぎりぎりの生活を送る人々や、ますます社会的緊張や犯罪にさらされる人々の健康と福祉を助けることを使命にしている。彼女は国や企業に、人々の健康とモロコシを中心とした健康的な食生活に関心を持ってもらおうと努力しているが、なかなか報われていない。モロコシやその他の飼料は、いまや畜産業や加工食品業界向けのものとされ、輸出用にも栽培されている。村への工業投資は雇用、特に熟練労働者の雇用を生み出している。サンディープの所有する農業会社はピザハットを買収するまでに拡大し、垂直的な企業グループができている（小麦やその他の穀物工場、企業農業、畜産、乳製品への莫大な投資を行ってきた）。畜産業、農業、製造業、そしてサービス業（冷蔵貯蔵、包装、輸送）からは巨額の投資が流入し、そこからの利益も増加している。
3人の中の最後のひとりで政治家になったラメッシュが、この政策を推し進めている。**

雨で育つモロコシ栽培は、乾燥地の大規模農園に限られている。その他の穀物飼料栽培農家は水の権利を買っている。多くの失業者には食糧配給券が配られる。それは経済の足かせにはなるが必要悪と考えられ、モロコシの供給は他の穀物生産国からの輸入により支えられている。

要するに、これまでのところインド経済は順調だが、収入格差と社会的連帯の点では大きな犠牲を強いられてきた。しかし、2030年までには農村部の貧困問題についても取り組みが行われている。

修正 SCENARIO4　山を越えて

このシナリオでは、インド政府が強制的に農業システムの統合を行うことになる。危機のおかげで、それが必要とされたのだ。このシナリオにその危機の詳細は描かれていないが、おそらく自然災害と水不足の組み合わせだろう。温暖化もまた、農業に重大な影響を与えている。インドの穀物生産は、期待されたような収穫高の改善に至らず、食糧自給問題へと発展していた。

こうした深刻な問題に追い打ちをかけるように、エネルギー価格が急騰してドルが下落し、グローバルな不況が起きた。中国とは緊張関係にある。大規模なテロリズムはいまだ脅威だった。「人々は不安を感じていた」と世銀の報告書には書かれている。だが、その表現は控え目かもしれない。不安要素はそれだけではない。旅行者を通して感染する鳥インフルエンザは、世界中で何百万人もの命を奪っている。その結果、世界の旅行者数と貿易水準は目を覆うほど低下し、不況はさらに悪化していた。この恐ろしい状況に直面したインドの人々は、政府になんらかの策を取るよう要求し、まずは農業対策を行うべきだと強く訴えた。政府はそれに応えて、地域ごとに農業セクターを再編し、零細農家を大規模な競争力のある企業へと統合していった。

この政策は強制的なものだった。零細農家やその労働者の失業を緩和するために、官民のパートナーシップが組まれ、雇用を提供した。このパートナーシップはひとつの問題を解決したが、別の問題を生み出すことになった。政府は、民間投資の及ばない国内の辺境地や経済的魅力の乏しい地域の隙間を埋めるセーフティネットとなったが、規制はますます厳しくなっていった。

このシナリオの2030年のストーリーを紹介しよう。

> スクハラムは、かつて「模範農民」だった。今では自分でもそれが信じられない。彼は小さな農地で麦や穀類や飼料を栽培していた。4頭の水牛から乳製品も生産し、鳥も数羽飼っていた。彼は経済が順調に拡大していると感じている。

だが、彼の農場はいまや、ハルヤナ州政府の傘下に置かれた大規模な地域共同組合農場の一部となっている。彼は、もうモロコシや小麦の栽培について考えることもなければ、都会育ちの管理者や科学者に地元ならではの穀物栽培テクニックを教えるインセンティブもない。

「生産高を上げる必要がどこにあるでしょう？　私は社会保障制度が配給してくれる食料カードで生きていけます。貧乏人のための公共分配制度のおかげです」

市場システムの限界を皆が認識したのは、（善良で知識もあった種苗生産者であり貿易会社の）バクシ種苗が経営に行き詰まり、オーナーが息子の住むオーストラリアに移住したときだった。それ以降は、市場のトレンドを議論したり、畜産業界が試している飼料の配合について話したりする人は村にひとりもいなくなった。

多国籍企業は貧しい農家を欺き、労働者から搾取しているとスクハラムは思っている。しかし、（バクシの会社を買収した）HAUの種苗部門から情報を得るのは、ほぼ不可能に近い。長々とした書類に記入し、何時間も待たされるだけだ。「州の民間購買機構が農作物をすべて買い取ってくれるのだから、統合された農場にとってはそんな情報は必要ないのです」という。雨で育つモロコシは人気のある穀物ではないが、それ以外になにも育たない乾燥地ではいまだに需要があり、州の畜産／乳製品部門ではそれを飼料として利用している。スクハラムの娘婿は、モロコシを飼料か拡大するスラム住人の食糧だと思っている。「新しい投資がなく、雇用競争も厳しい中で、スラムの住人は、州がモロコシを与えてくれるだけでも幸運だ」

報告書では、農業セクターが改革され再編された後は自律的な運営が可能であり、補助金は次第に減っていくだろうと結論づけている。しかし全体の環境はますす厳しい方向に向かっている。

Epilogue
エピローグ

広い範囲を網羅する今回のシナリオ・プランニングでは、非常に長い時間軸を置き、25年先の未来を考えた。したがって、5年か6年では、4つのうちのどのシナリオが有力かは当然まだわからない。しかし、たとえばエネルギー価格の高騰のように、現在明らかになりつつあるトレンドもある。

世界銀行のこのプロジェクトの責任者、リッカ・ラジャルハティは言う。「市場経済に精通し、市場を信頼する富裕層が都市部に生まれる一方で、開発から取り残された多くの人たちが生まれました。西ベンガルでは、不満を掲げる抗議行動も起きています」

農業分野の自由貿易に関する議論は、2008年から2009年にかけての最初の食糧危機後に始まった。これらの要素はすべてシナリオに組み入れられた。「2006年に描いた我々の予想とは違う展開が起きるかもしれません」とリッカは言う。

シナリオ・プランニングはどんな役割を果たしたのだろう？ 「このシナリオ・プランニングのプロセス自体が、国家的な農業イノベーションプロジェクトに大きな影響を与えました。このプロセスが我々の心を開き、さまざまな役割を担う人々との協力を促進してくれたのです。政府は、この革新的なプロジェクトに満足しています。実際、とてもよかったので、前回よりさらに研究者による起業家的なプロジェクトに焦点をあてて、新しい段階を始めようと考えているところです」

Case Study: VisitScotland

ケーススタディ④ビジット・スコットランド（スコットランド観光局）

スコットランドはあなたをお待ちしています

「休暇はもうすぐですか？　スコットランドで数日過ごしてはいかがでしょう。ついでに、少しお金を使っていただければ」

スコットランドに観光客を呼び込むにはどうしたらいいだろう？　数ある休暇旅行先の中から将来スコットランドを選んでもらうには、今なにに投資すべきなのか？

これこそ、観光産業開発の核心だ。正解は、「ケース・バイ・ケース」である。つまり、今後数年間にさまざまな要因やトレンドがどのように展開するかによってスコットランド観光の未来は明るくも暗くもなり得る。

2002年、スコットランド観光省「ビジット・スコットランド」の幹部は、スコットランド観光の成長を促すための政策や計画や投資を提言するにあたって、未来がどうなるかについての知見を得ておくべきだと考えた。

まずは、背景から

現在、世界中のおよそ200か国が、観光業の振興に莫大な費用と時間と人材を投入している。また、予算規模は違っても、無数の都市や州や地域が観光に投資している。サンフランシスコ市だけでも、2010年から2011年にかけて観光開発に2400万ドルを投資した。

その理由は明らかだ。観光は巨大ビジネスである。世界最大規模の産業だといっていい。2010年、国連世界観光機関（UNWTO）は、海外旅行客数が前年比7パーセント増となる9億4000万人だったと発表した。不況が続く中で、健闘していると言えるだろう。この年、海外旅行客は訪問国で、合計9190億ドルという大金を落としていた。

それだけの大金のおこぼれにあずかりたいと思わない国（や地方自治体）が存在するだろうか？　世界中のだれもが、成長を続ける観光業から利益を得たいと考えている。だからこそ、多くの政府は、遅かれ早かれ観光産業に参入するのだ。

観光は巨大産業だが、競争は激烈である。1週間の休暇と数百ポンドのお小遣いのあるマンチェスター在住のカップルなら、旅行先として選べる場所はそれこそ数限りない。ロンドンかエジンバラで過ごすのと同じ値段で、飛行機とホテル込みの海外旅行パッケージが簡単に見つかり、コルフ島の海辺で過ごすこともできるし、ポルトガルでゴルフを楽しむこともできる。スイス・アルプスのスキーリゾートのライバルは、隣の山のスキー場や、オーストリア・アルプスのスキーリゾートだけではない。タイの海岸やフロリダのテーマパークも競争相手なのだ。そのくらい、旅行客の選択肢は広い。だからこそ、競争力が必要になる。

2010年に、9190億ドルの観光市場の中で最大のシェアを占めたのは、アメリカだった（1035億ドル、全体のおよそ11パーセントだ）。しかし、海外旅行者数では、フランスが長年トップに立っている。たとえば、2010年にフランスを訪れた海外旅行者数はアメリカへの訪問者数より28パーセントも多かった。アメリカは大差のついた2位だった（7680万人対5970万人）。アメリカに次いで、中国（5570万人）、スペイン（5270万人）、イタリア（4360万人）が世界のトップ5に入っている。

順位	国	海外観光客数	増減 (2009年〜2010年)
1	フランス	7680万人	+0.0%
2	アメリカ	5970万人	+8.7%
3	中国	5570万人	+9.4%
4	スペイン	5270万人	+1.0%
5	イタリア	4360万人	+0.9%
6	イギリス	2810万人	−0.2%
7	トルコ	2700万人	+5.9%
8	ドイツ	2690万人	+10.9%
9	マレーシア	2460万人	+3.9%
10	メキシコ	2240万人	+4.4%

順位	国	海外観光収入 (2010年)
1	米国	1035億ドル
2	スペイン	525億ドル
3	フランス	463億ドル
4	中国	458億ドル
5	イタリア	388億ドル
6	ドイツ	347億ドル
7	イギリス	304億ドル
8	オーストラリア	301億ドル
9	香港(中国)	230億ドル
10	トルコ	208億ドル

では、スコットランドは？

2810万人の観光客が訪れるイギリスは、2010年の海外観光客数ランクで世界6位に入り、観光収入では7位に入っている。イギリスの一部であるスコットランドの旅行者数と観光収入は、UNWTOが発表するイギリスの数字の中に含まれている。スコットランド観光局の統計を見ると、その内訳がいくらかわかる。データによると、2010年に海外旅行客はスコットランド経済に14.4億ポンド（約23億ドル）の収入をもたらした。これはイギリスのおよそ8パーセントである。UNWTOが発表している各国の観光収入と見比べると、スコットランドは海外観光収入でフィンランドとスロベニアを少し下回り、キプロスとスロバキアを少々上回る。ヨーロッパの外に目をむけると、スコットランドはペルー、チュニジア、フィリピンとほぼ同程度の順位である。

しかしスコットランドは、実はこうした国際統計に表れない大きな観光収入源がある。イギリスだ。イギリスからスコットランドへの観光客は、海外からの旅行者のおよそ2倍の観光収入をこの国にもたらしている。イギリスからの旅行者を入れると、スコットランドの観光収入は海外統計の3倍、およそ41億ポンド（65億ドル）にものぼる。

シナリオ・プランニングの助け

ここでいったん時計の針を 2000 年に戻してみよう。スコットランド観光局の幹部がこの問題を考え始めた時である。スコットランドが海外とイギリスからの観光シェアを伸ばすには、どうしたらいいだろう？　スコットランド観光局は、具体的な計画を作る前に、1 ～ 2 年をかけてスコットランド観光の未来の姿を描いてみるのが賢明で有益だろうと考えた。未来のさまざまな方向性を頭に入れておくことで、効果的で柔軟な観光戦略を立てられると考えたのだ。

2002 年にフィリップ・リドル（シェル石油で経験を積み、シナリオ・プランニングを高く評価していた）を CEO に迎えていたスコットランド観光局は、シナリオ・プランニングの手法が役立つはずだと考えた。とりわけイギリスは、口蹄疫や迫りくるイラク戦争といった、観光に影響の大きい深刻な不透明要因を抱えており、なおさらこの手法が役立つと思われた。
こうした可能性を詳しく探るため、また未来についての戦略的議論を促すために、スコットランド観光局は外部からコンサルタントを呼び入れた。それが、観光の未来を考える大家のひとりであり、シナリオ・プランニングの熱烈な支持者でもあるイアン・ヤオマンだった。

2003 年、未来のシナリオを作るために強力なメンバーが集まった。参加者は、スコットランド観光の未来に関係する組織の代表者たちだった。スコットランド観光局、スコットランド歴史協会、カレドニアン・マクブライアン、スコットランド国家遺産、森林委員会、スコットランド芸術協会、ハイランズアンドアイランズ・エンタープライズ、スコットランド・エンタープライズ、そしてもちろんスコットランド政府も加わった。
このチームが、スコットランド観光業界の鍵を握る要因を分析する仕事に取りかかった。2015 年のスコットランド観光に起こりうるシナリオ作りへの第一歩を踏み出したのである。

議論と分析を重ねた結果、次の要因が浮かびあがった。

- 為替レート
- GDP
- 政府
- 医療
- 財政政策
- 安全
- 可処分所得
- 価格弾力性／歩留り

| 輸送 | 環境 |
| 科学 | 人口動態 |

| 普遍的な価値 | 歴史 |
| メディア | レジャー活動 |

チームは、これらの要因がお互いにどう関係するかを分析し、未来を左右する切り口（シナリオの十字架の軸となる、もっとも包括的で重要な不透明要因）に分類した。

ビクトリア時代以来、スコットランドでは観光業が栄えてきた。
観光業は、100年後の経済の基盤となり柱となるかもしれない。

これだけは言える。2015年にも、スコットランドに観光業は存在している。
観光は、金融サービスやコールセンターと違って、
インドやハンガリーに外注することができないからだ。
この産業は、石油やガスが枯渇しても存続する。
さらに大切なことに、観光業は国家のアイデンティティーと
価値観と文化を代表する産業である。

観光業は、スコットランドの代名詞と言えるだろう。
このふたつは切っても切り離せない。

イアン・ヤオマン（スコットランド観光局の報告書より）

スコットランドの未来の**経済環境**に関して、次のふたつの方向性（正反対とは限らない）が定められた。

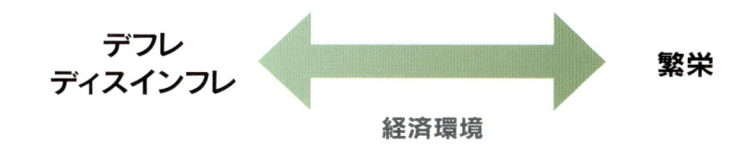

デフレ ディスインフレ ←→ **繁栄**

経済環境

もうひとつの軸となる切り口は、**消費者特性**（2015年に消費者がどのように振る舞うか）であると考えられ、その方向性は次のいずれかだと思われた。

価格敏感 ←→ **洗練**

消費者特性

ふたつの切り口をいつもの 2x2 マトリックスにすると、次のシナリオが浮かびあがった。
チームはシナリオにこんな名前をつけた。

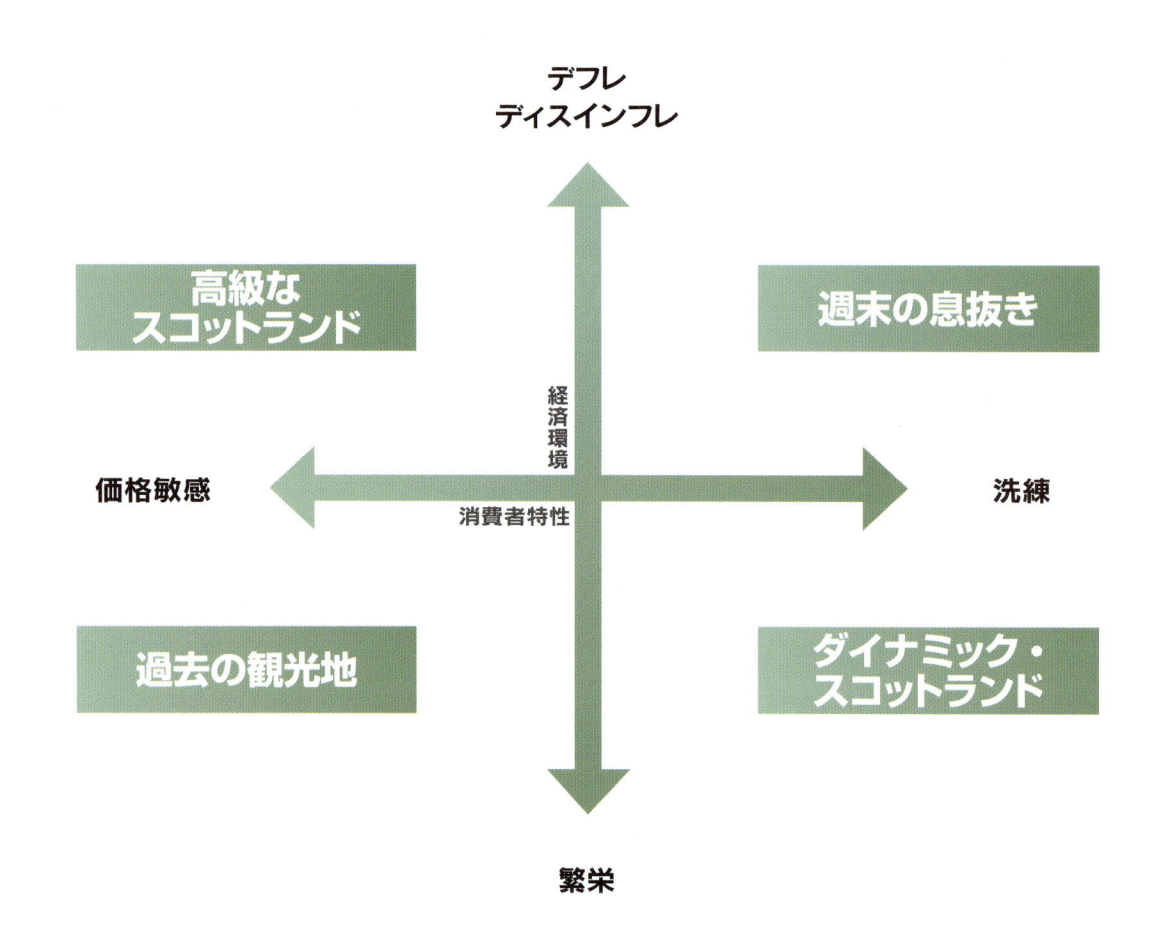

```
                          デフレ
                        ディスインフレ
                            ↑
    ┌──────────────┐                  ┌──────────────┐
    │   高級な      │                  │  週末の息抜き  │
    │ スコットランド │                  │              │
    └──────────────┘                  └──────────────┘
                          経済環境
   価格敏感 ←──────────────┼──────────────→ 洗練
                         消費者特性
    ┌──────────────┐                  ┌──────────────┐
    │  過去の観光地  │                  │ ダイナミック・ │
    │              │                  │ スコットランド │
    └──────────────┘                  └──────────────┘
                            ↓
                           繁栄
```

経済環境（繁栄かデフレか）と消費者特性（価格敏感か洗練か）にもとづいて、4つの対照的なシナリオが決まった。

- 「ダイナミック・スコットランド」では、観光がスコットランド最大の産業となり、2004年の倍の、年間100億ポンドの収入をもたらしている。

- 「週末の息抜き」では、より価格敏感で遊びの色彩の強い観光産業が描かれている。

- 「過去の観光地」では、観光業は過去のものとなり、面白みも競争力もなく、成長もほとんどない。

- 「高級なスコットランド」というと耳ざわりはいいが、これはスコットランド経済が失敗するシナリオである。デフレが地域経済に打撃を与えるが、海外観光客には為替レートが魅力的になるため、スコットランドの高級リゾートに富裕層の旅行者が集まる。

SCENARIO 1　ダイナミック・スコットランド

2015年に観光はスコットランド最大の産業となっている。観光産業は35万人の雇用を抱え、他のどの産業よりも多くの収入を生み出し、名声と評判を得ている。

このシナリオに描かれた経済の活況の背景にはさまざまな要因がある。有利な為替レート、高い可処分所得、低い税率、ガソリン減税、社会基盤への投資などだ。スコットランドは人気の海外旅行先となり、イギリス国内からだけでなく、海外からも旅行客を集めているのがこのシナリオの特徴である。「たとえば作家のウォルター・スコットからビリー・コノリーまで、スコットランドやケルト人の作るものはすべて、文化的な重要性を世界中で高く評価されている」

2015年までの10年に、スコットランド観光局はいくつかの素晴らしいプログラムを立ち上げた。たとえば、「110パーセント・スコットランド」は、文化と伝統に注目するプログラムだ。「HQ スコットランド」はビジネス旅行の成長の原動力となっている。「休日ツアー」は可処分所得の多い富裕層に訴求するものだ。スコットランド観光局が確立した、メンバー形式の品質保証プログラムは大きな成功を収めており、スコットランド観光のポートフォリオにおける観光業者の位置づけを助けている。このポートフォリオには、次のようなさまざまな観光商品が含まれる。

- 遊びがいっぱいのスコットランド
- モダンなスコットランド
- 身体、心、魂
- ビジネス旅行
- 都市の隙間
- ツアーと探検

さらに、スコットランド観光局そのものが官民の合弁となり、100パーセント民間企業へと移行する準備段階にある。というのも、観光業が十分に健全で成功しているため、政府の介入の必要がなくなったからだ。スコットランド観光局は世界最高の観光業者のひとつであると評価され、他国の模範とされている。

SCENARIO2　週末の息抜き

このシナリオでは、将来、可処分所得の多い消費者の貴重な時間を奪い合う競争が激化することが描かれる。低価格の航空運賃と手頃なホテル代のおかげで、スコットランドへの週末旅行は、大げさな海外旅行というよりも、衝動買いに近いちょっとしたレジャーだと見られるようになる。

そのため、スコットランドは中流層に手の届く贅沢を楽しめる旅行先へと変身してきた。この環境で成功するためには、旅行者の感情に訴えるのではなく、人々の時間と財布を奪い合う他の多くの選択肢に勝たなければならない。

なぜなら、このシナリオにおけるスコットランドのライバルは、イギリスやヨーロッパの魅力的な都市ではなく、全く別のお金の使い道（たとえば、ちょっとした娯楽や、家財道具など）だからだ。その上、これはデフレのシナリオなので、物価全体が下がっている。たとえばカレドニアへのロマンチックな小旅行に比べて、新しいテレビがますます魅力的になってくる。

このシナリオの成功のカギは、なによりスコットランド旅行の利便性と低価格を訴求することだ。格安航空と鉄道サービスの改善がこれを可能にしている。たとえば、ロンドンとイギリス南東部からの旅行者は、金曜の午後5時に職場を出れば、8時にスコットランドに到着する。

当たり前だが、このシナリオは、アメリカやその他の海外旅行客ではなくヨーロッパからの訪問者に焦点をあてている。ヨーロッパの旅行者は、スコットランドの精神や文化に思い入れがある。観光業の中で大きく成長したのはカンファレンス需要だ。民間企業の利用は少ないが（経費節減と、ビデオ会議の発達のため）、非営利協会や団体はスコットランドを素晴らしいイベントの開催地と考えている。

またスコットランドはさまざまな観光業者の品質を保証する強制的な認証制度を始めた。競争力のある業者はこれに合格し、そうでない業者は商売に行き詰まった。

どれがいいかい？　新しい皿洗い機か、ロビー・ウィリアムズのコンサートか、スコットランドへの週末旅行か？

SCENARIO3　過去の旅行先

為替レートはスコットランドに不利な状況となり、小旅行の市場はまだ活況ではない。反対に、スコットランド人はプラハやブダペストへの格安航空券を手に入れて、小旅行を楽しんでいる。スコットランドのホテルやレストランやその他のサービス業は現状に満足しており、スコットランド観光といえば、主にバグパイプやタータンチェックのスカートといったこの国の伝統を懐かしむものが中心になっている。
「ダイナミック・スコットランド」と比べると、このシナリオではスコットランドの観光収入は半分しかなく、雇用も半分しか生み出せず、年率1パーセントしか成長していない（「ダイナミック」では7パーセントの成長を予想していた）。GDPに占める観光業の割合は4パーセントで、重要でないこともないが、確実に低下している。つまり、あらゆる意味で衰退している。

どうしてだろう？　スコットランドは単に旅行先としての魅力がなくなっていた。海外旅行の市場が成長し、スコットランドの観光商品は他の場所に比べて観光客をうまくつなぎとめることができなかった。2015年の訪問者はほとんどイギリスからの観光客で、ふたつの層から来ている。「中高年」か「若い家族連れ」だ（要するに、スコットランドは無難な選択だった）。医療観光は多少成功しているが、他の層の減少を補うまでには育っていない。
このシナリオでは、不利な為替レートのために、スコットランド観光は内容に比べて割高になっている。価格に敏感で価値にうるさい消費者は、スコットランドに寄りつかない。
さらに、観光業者の認証制度は、観光業者のコスト増につながっただけで、イノベーションを阻害し、ホテルやレストランには、スコットランド観光局が規制を押し付けているだけだと思われていた。

真夏のピトロッホリーとセント・アンドリュースの高級街は今も観光客でにぎわっているが、旅行者の財布の紐は固くなり、その数も年々減っている。
彼らがふたたび戻ってきてくれるかはわからない。
報告書より

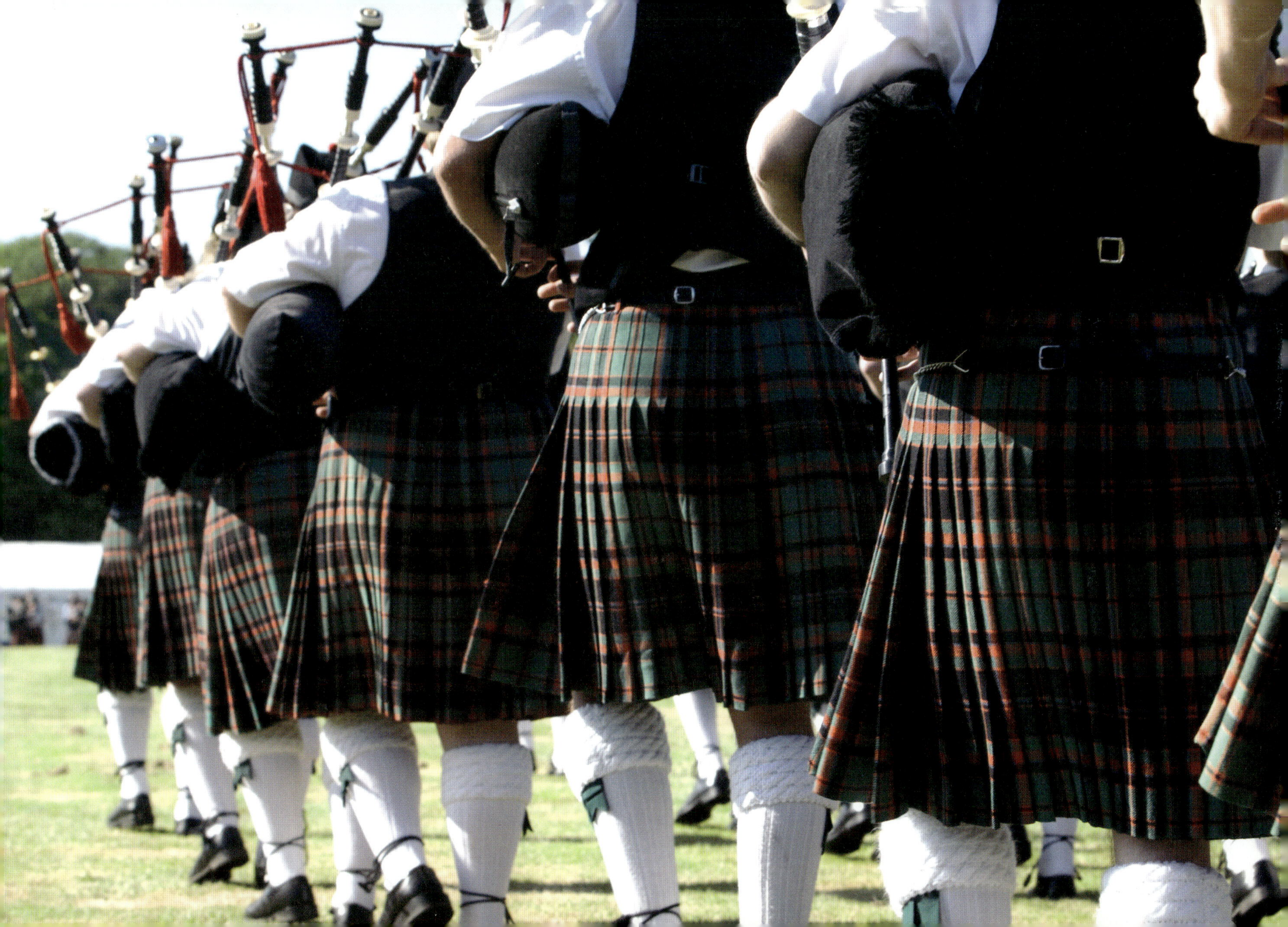

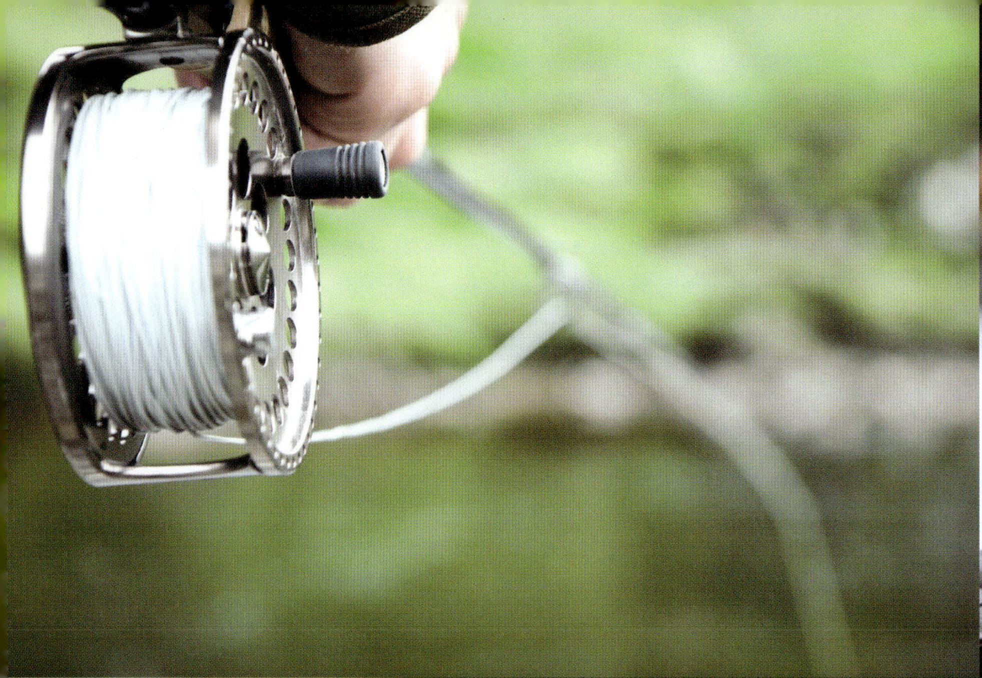
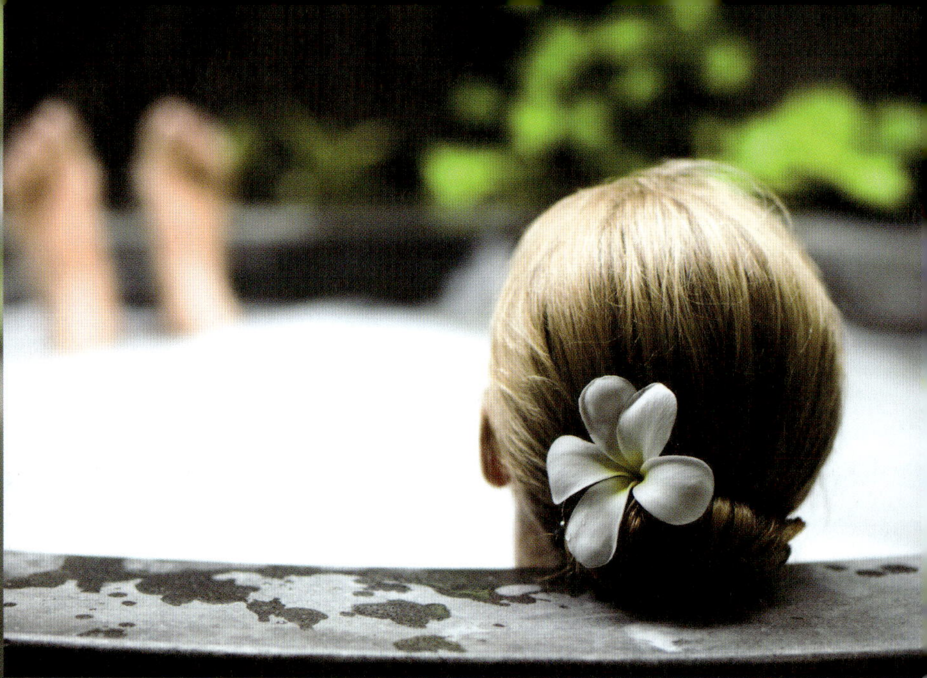
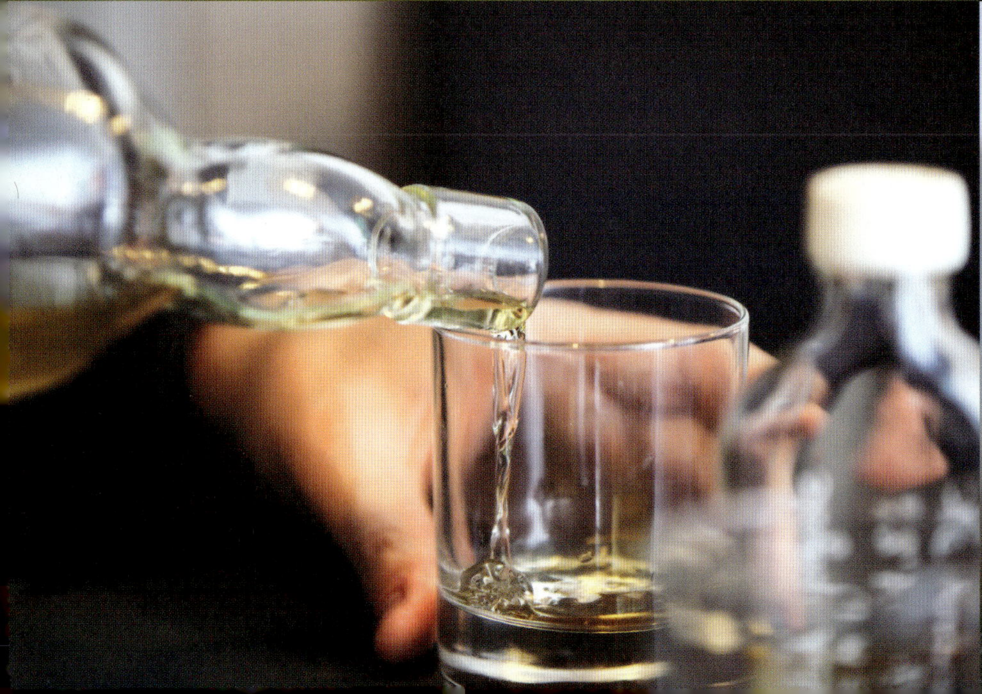
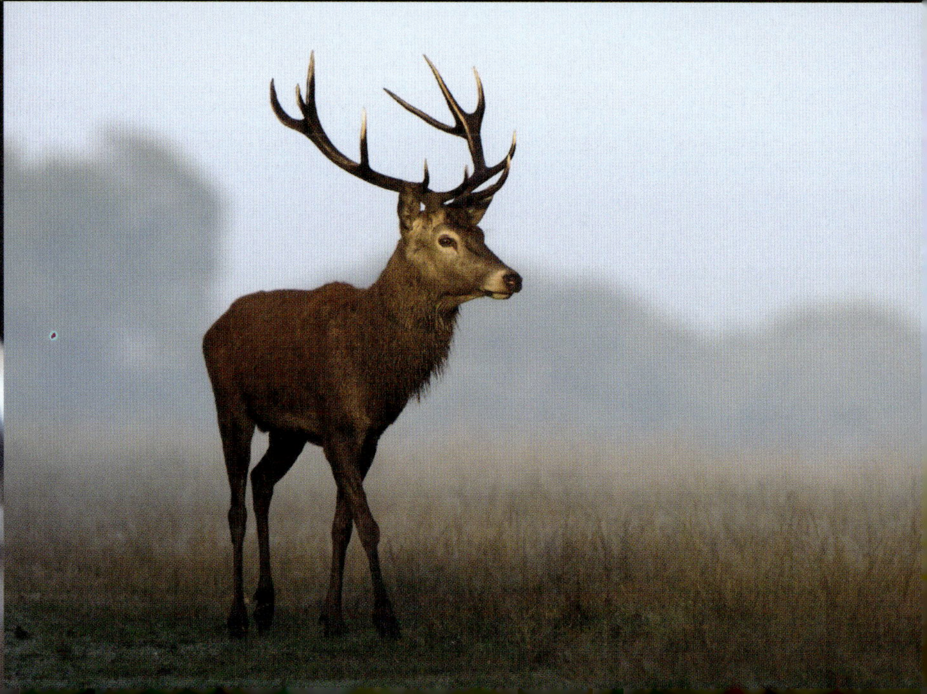

SCENARIO4　高級なスコットランド

2015年、スコットランド経済は悲惨な状況にあった。失業率は高く、生活コストは上がり、可処分所得は足りず、消費者は価格に敏感になっている。こうした要因から、イギリス国内の観光産業は壊滅的な打撃を受けていた。

だからといって、スコットランドから観光業が消滅したわけではない。有利な為替レートのおかげで裕福な海外旅行者はスコットランドの高級リゾートで休暇を過ごしていた。しかし、業界全体は急速に冷えこみ、観光収入は年率4パーセントも減少していた。
国も観光産業を意識しなくなっていた。もちろん地域によってはそれが重要な場所もあったが、観光は国家の関心事ではなくなっていた。

では、好調なリゾートはどうだろう？　高級リゾートの多くは、なにもかもその敷地の中だけで完結するよう囲い込まれていて、スコットランド企業ではなく外資が所有している。たいていの場合、宿泊客は飛行機でそこにやってきて、スパやカジノ、鹿追いを数日楽しむと、またすぐに飛んで帰るため、国内の別の場所を散策することはない。海外旅行客は安全で確実な複合リゾート施設の中だけで時間を過ごし、地元の人々と触れ合う機会はほとんどない。

一方で、イギリス国内では、スコットランドは格下の旅行先と見なされ、「お金をかけずに」友達や親戚と楽しく過ごす場所だと考えられている。
そして（恐ろしいことに！）スコットランド観光局は、パンフレットを作成しウェブサイトを運営するだけの組織に縮小している。高級リゾートが宿泊客に必要な情報をすべて提供し、観光局は予算削減のために情報センターの8割を閉鎖しなければならなかった。

まだまだ続く

このシナリオ・プランニングの演習は、はじめの一歩にすぎない。最終的な目的はスコットランド観光局がシナリオを継続的に考え続けることだ。イアン・ヤオマンは、特定の出来事が起きた場合の未来の姿を描くように観光局を指導した。その出来事とは、次のようなものだ。

イラク戦争
2001年9月11日の同時多発テロにより、中東での軍事行動は避けられないようだった。この影響は、スコットランド観光へ及ぶだろうか？

口蹄疫
イギリスでの口蹄疫の流行は、スコットランド観光に影響を与えるだろうか？

鳥インフルエンザ
この伝染病はアジアで起きたものだが、海外渡航者を通して急速に世界中に広がっていた。これは海外旅行にどう影響するだろう？　スコットランドはどんな影響を受けるだろう？

ここで、この3つの特殊なシナリオ・プランニングの過程を見てみよう。

The Iraq War
イラク戦争

私たちの多くがそうであったように、スコットランド観光局もまた、2002年と2003年には同時多発テロ後の地政学的展開をつぶさに見つめ、なにが起きるのか、そして未来の出来事がどのようにスコットランドの観光業界に影響するのかを考えていた。

スコットランド観光局の幹部たちは、シナリオ・プラニングを通して戦争の可能性が観光業に与える具体的な影響を探った。今回のシナリオには、5年という比較的短い時間軸が選ばれた。戦後の回復期間をその程度と見込んでいた（衝突がどのくらい続くと彼らが想定していたかが、このことからわかる）。したがって、このシナリオは2008年の姿を描くものとなった。

初回の分析で、ヤオマンと参加者は、マトリックスの軸となるふたつの切り口を選ぶことにした。まずはじめに、観光に影響を与える要素を考えた。たとえば、企業と消費者信頼感、GDP（経済の健全性の指標）、為替レート、輸送手段、原油価格（輸送コスト）、税率の水準（観光客の可処分所得を左右する）、消費者の好み、メディアの記事、紛争などだ。

いつものように、多くの要素が挙がった。もっとも不透明でインパクトの大きいものはどれだろう？　ふたつの切り口が選ばれた。ひとつは、「紛争の影響」であり、もうひとつは今後5年間の「経済の動き」である。
これらのふたつの重要な切り口は、それぞれ対照的な結果に発展する可能性がある。プランナーたちは予想される結果に、刺激的な名前をつけた。

ひとつめは紛争の影響だ。この切り口には、ふたつの対照的な未来が予想された。

新たな
アトランティス ←→ バルカン半島

紛争の影響

「新たなアトランティス」とは、広い範囲で紛争が起きるが、最後には新しい秩序が生まれ、相互理解が広がることを意味している。「バルカン半島」とは、戦争が長期化し、いつまでも終結しないことを意味する。

もうひとつは、経済の動きである。この切り口の対照的な未来は次のように定義された。

しゃっくり ←→ 暗黒

経済の動き

「しゃっくり」とは、その言葉通り、戦争が短期に終結し経済にほとんど影響を与えない状況を意味する。逆に、「暗黒」は、起きてほしくない経済のシナリオである。それは、厳しく暗い状況で、基本的に「世界の終わり」を示している。
このふたつの切り口を組み合わせ、次の4象限から成るマトリックスが作られた。

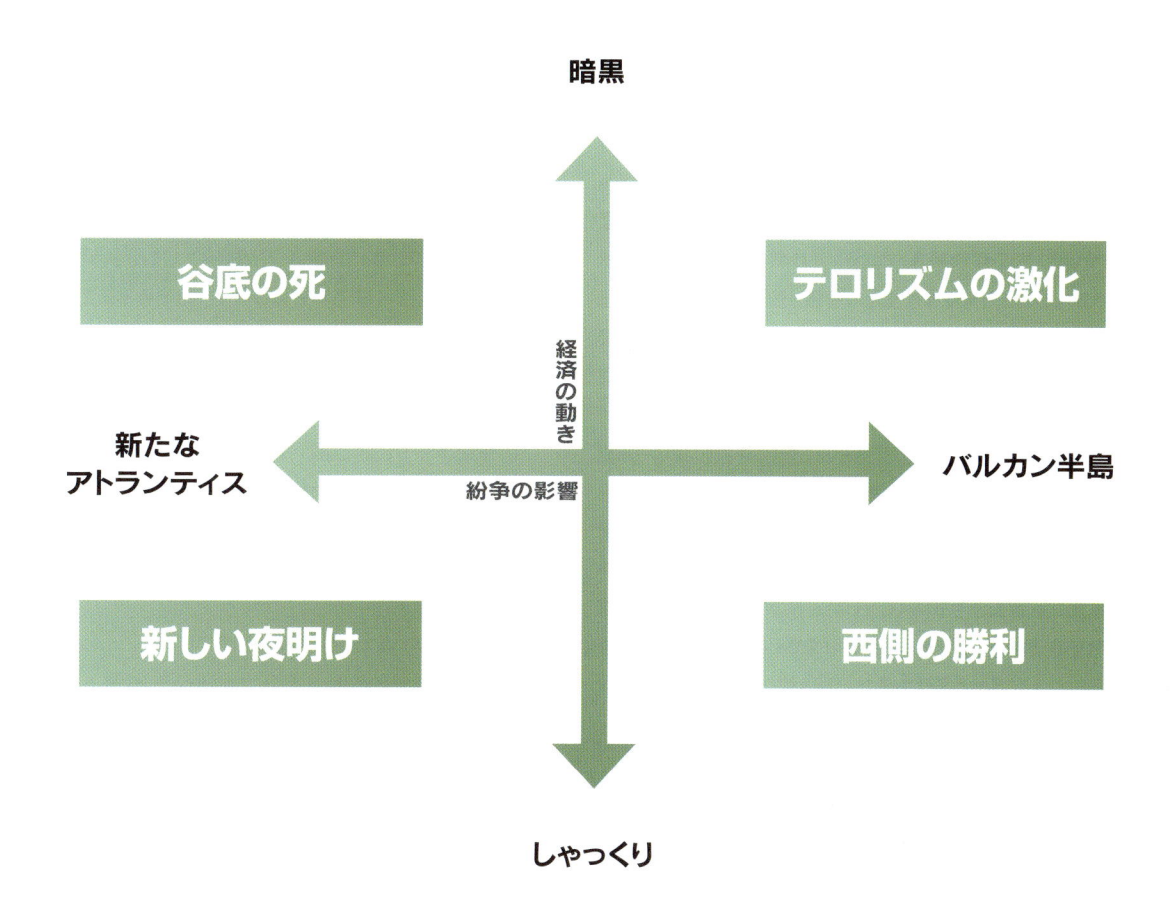

```
            暗黒
             ↑
   谷底の死        テロリズムの激化
             │経済の動き
   新たな  ←──────┼──────→ バルカン半島
アトランティス   │紛争の影響
   新しい夜明け      西側の勝利
             ↓
           しゃっくり
```

今回もまた、シナリオが示す4つの未来の姿にふさわしい印象的な名前がつけられた。参加者は、それぞれのシナリオを細かく肉付けし、たとえば軍事展開から、もっとも懸念されたスコットランド観光への影響までを詳細に描いた。

ここで、報告書からの抜粋を紹介しよう。これらはまったくの想像だが、正確に描かれている部分もある（これらのシナリオは戦争が始まる前に作られたことを頭に留めて読んでいただきたい）。

SCENARIO1　テロリズムの激化

このシナリオは、戦争が長期化し軍事抵抗が長引くことを想定したものだ。死傷者数の増大は政治的な混乱を引き起こし、反戦運動や反アメリカ感情が世界的な広がりを見せる。イラクは原油施設を攻撃し、多大な損害を引き起こしている。
一方で、テロリズムへの抑えはきかなくなってくる。2008年には恐怖が広がり、株式市場は暴落し、失業率は上がり続け、武器を携帯した兵士の姿は都市の日常となっている。

ストーリー

「首相はロンドン市内に兵士を配備する命令を下した……これは安全対策だと発表された」
「今朝エジンバラのホテルで爆弾が爆発し、ロビー階が吹き飛んだ。世界中で毎日同じような事件が起きている。エジンバラ空港には兵士が常駐し、爆弾に対する警戒が敷かれている」
「3月15日には、交通システムすべてが閉鎖された。地方空港もすべて閉鎖となった。その日移動する人はだれもいなかった。道路に車はなく、鉄道の駅には人影がなかった。すべての市民は家から出なかった」
「それは政府権力、警察、そして恐怖が支配する状況だった」
「ビン・ラディンが殉教者として死んだことが、逆効果となった。次々と東西の衝突が起き、地域紛争と戦闘は、航空業と観光業へのボディーブローとなった。人々は以前に比べてはるかに内向きになり、すべてに対して慎重になっている。まさかのときのために備えているのだ」
「アメリカ経済は破たんの瀬戸際まできている。ますます深刻になる状況に対処できなかったからだ」

観光産業への影響

・観光旅行件数は2003年に4パーセント減少し、2004年には4.5パーセント減少した。回復が始まったのは、2005年になってからだった。
・安全な観光地としてのスコットランドの評判に陰りが見えている。
・2003年にはスコットランドの一部のリゾートに、まったく観光客が訪れなかった。
・人々は家に留まるか、地元周辺を旅行するだけになり、海外旅行は大打撃を受けている。
・家族や友人を訪れることに焦点を置いたマーケティングが行われている。
・安全性が消費者の最大の関心事となり、2003年と2004年に観光業は縮小している。
・国際的な拠点が破壊のターゲットとなっている。
・短距離のヨーロッパ旅行の市場では、安全管理コストが膨大になる。
・航空業界に統合再編成が起き、多くの国営航空会社が破たんする。
・直行便のないスコットランドは苦戦する。

SCENARIO2　西側の勝利

結論から言うと、これは我々が勝利するシナリオだ。テロ攻撃はなく、一連の騒動は小規模な地域問題であり、世界全体から見れば些細なことだった。
騒動が落ち着くと、経済成長と自信が戻り、失業率は一時的な問題にすぎないとわかった。

ストーリー

「この戦争は結局、新世代の精密兵器で武装した西洋と、第1次世界大戦時代の古いライフルや銃剣との戦いだった。はじめからサダムには勝ち目はなかった。戦争は6カ月で終わった。私はそれをCNNで見た。娯楽映画を見ているようだった」

「経済への影響は軽微なものだった。原油価格は上昇した。都市部の失業率は一時的に悪化した（リストラによるところの方が大きかった）。古い産業は消えた。製造業は多少低迷した。その年の休暇はオーストラリアではなくオーストリアで過ごすことになった。だた、人生はいつもと変わらず続いていった」

「1年後、市場に自信が戻った。ジョージ・ブッシュが世界を救ったのだ。我々は勝利した。向かうところ敵なしだった。地域紛争は続いたが、無敵のアメリカ軍がいれば、どんな敵をも排除できた。だれもが厳重な警備に慣れた。それが日常の一部となったのだ。世界は繁栄し、みんなが幸せな生活を送ることになった」

観光業への影響

- 観光旅行件数は、全体で0.5パーセントの減少にとどまっている。
- 海外旅行は減少している。
- 出張は減少している。
- イギリスの観光業は成長している。
- スコットランドは安全な渡航先だ。
- 2003年から観光は全面的に回復し始めた。
- 今年はほぼ平常通りである。
- 為替レートはスコットランドに有利になっている。観光収入はほんの少しの減少に留まっている。
- 2004年に観光は急回復する。
- 特に小旅行（1泊から3泊）が急激に回復する。
- 不必要な出張は削減される。
- 危険と見られる国、特に北アメリカへの旅は減少する。
- 若い家族のスコットランドへの休暇旅行が増加する。

SCENARIO3　新たな夜明け

3番目は、ゆっくりと戦争へと向かうシナリオである。査察と交渉によってイラク問題の解決を図ろうとする試みは結局失敗に終わる。イラクへの攻撃が始まる。バグダッドはすぐに陥落するが、ゲリラの戦闘（いまや聖戦となった）が他の地域で続いている。

サダムの最終手段は、イスラエルへの化学攻撃だ。アメリカは厳しい対応を迫られ、サダムを殺害する。これが、中東の新たな時代の幕開けとなり、世界のリーダーはこの地域の安定のために力を合わせる。

ストーリー

「ブッシュ大統領が国民に語った日のことは、今も憶えている。私はあの放送を決して忘れないだろう。ダイアナ妃が亡くなった時のような、記憶に残る瞬間だった。ブッシュ大統領は、交渉が物別れに終わったと言った。フセインは国連の査察チームを欺いたが、ティクリット付近で大規模な地下複合施設が発見された。査察に従わなかったイラクに対し、国連の支持を得たアメリカは、その複合施設に巡航ミサイルを撃ち込んだ。それをきっかけに、フセイン政権の中核であるバグダッド攻撃がはじまり、イラクは内側から崩壊した」

「イラク戦争の代償は高くついたが、国内ではいつもどおりの生活が少なくともはじめのうちは続いていた。テロリストの報復計画はしばらく続き、いくぶん金融が不安定になった。しかし、テロリストには支援がなく、この新しい状況の中で大きな損害を与えるまでには至らなかった」

「政府は莫大な借金に頼って、まずイスラエルとイラクの回復を助け、中東の平和を促した。そのため納税者の負担は上がり、就業時間も延びた。年金制度がおぼつかなくなり、多くの人々は70代まで働き続けることになった。この問題を解決するため、厳しい経済判断が必要になった。アメリカ主導の国連は、中東と世界に安定をもたらす助けとなった」

観光業への影響

・観光旅行の件数は全体で3パーセント減少している。
・平均観光支出は減少している。
・長距離の旅行は大幅に減っている。
・ヨーロッパ域内の短期旅行は横ばいである。
・国内旅行は増えている。
・格安航空会社は破たんする。
・国際空港は安全でないと見なされる。地上交通が増加する。
・2003年の長期休暇の計画は延期される。
・高級観光地と商用旅行のセクターは、大幅に縮小する。
・スコットランドは安全な渡航先と見なされている
・エジンバラの軍行進（のショー）の取りやめは、観光への大きな打撃となった。
・低予算の旅行は堅調に拡大している。手軽で豪華すぎない旅行が好まれている。
・安全に羽を伸ばせる休暇がスコットランドの強みだと考えられている。
・家族旅行は引き続き好調である。

SCENARIO4　死の谷底へ

最後のシナリオでは、アメリカ兵とイギリス兵合わせて35万人がイラクで命を落とすことになる。化学兵器によって数百万の人々に影響が及んだ。原油の供給は止まった。農作物価格は高騰し、ニューヨークでは配給が開始され、犯罪が蔓延した。世界中にデフレが広がり、株式市場は暴落し、銀行は破たんし、人々は貯蓄を失った。

とても明るい環境とは言えない。

実際、このシナリオはあまりに悲惨だったため、スコットランド観光局はこれを排除し、残りの3つだけに肉付けすることにした。シナリオ・プランニングのリーダーを務めたイアン・ヤオマンは、次のように語った。
「もし世界経済が1930年代のような恐慌に陥ったなら、観光業を宣伝している場合ではなくなるだろう。休暇でどこかに行く人などいなくなるに違いない」

Working with the Scenarios
シナリオを作る

これほど詳細なシナリオ作りは、雨の日の暇つぶしに片づけられるようなものではない。これらのシナリオは、スコットランド観光局に洞察とアイデアを提供し、未来に向けた産業と政策判断に役立てるものでなければならない。

当然ながら、参加者全員がシナリオ・プランニングに賛同するとは限らない。なかにはこれを大人むけの夜伽話くらいにしか考えない人もいる。ヤオマンによると、今回もそうだった。4つのシナリオの骨格ができ、あとは肉付けという段階になっても、参加者の一部はこの演習にそれほどの価値を認めていなかった。

しかし、イラクでの緊張が高まるにつれ、参加者たちは、シナリオの中のいくつかの要素が現実のものとなりつつあることを目にし始めた。「転換点となったのは、トニー・ブレアがヒースロー空港にイギリス軍を配備すると発表したときだ。この時、テレビで兵士を見た年長の参加者の考え方が、180度変わった」とヤオマンは言う。「テロリズムの激化」に描かれたのとまったく同じ光景を見た懐疑派は考え方を改め、参加者はその後のシナリオ・プランニングにさらに真剣に取り組んだ。

シナリオが完成し、内容が検証されると、それらは計量経済コンサルタントのオックスフォード経済予測研究所（OEF）に送られて、それぞれのシナリオの影響が数量化された。OEFは、3つのシナリオの影響を、イギリスからと海外からの旅行者の両方について数量化し、また小旅行と出張需要についても数量的に評価した。OEFは詳細な分析を行い、イラク戦争が短期決戦で終われば、スコットランド観光にそれほど深刻な損害を与えることはないと結論づけた。スコットランドは安全だと見なされ、海外に行くよりもスコットランドへの小旅行を好むイギリス人観光客が増加すると考えられた。

もちろん、実際の状況は複雑で、マイナスの要因も多いことは間違いない。もし「テロリズムの激化」のシナリオが起きれば、イギリスは不況に陥り、旅行にお金を使う余裕もなくなってしまうだろう。

それでも、これらのシナリオを念頭に置くことで、観光局はある程度状況を掌握しているという安心感を持つことができた。そして実際に戦争が起きたとき、パニックに陥らず、冷静に対応できた。共同チームが設置され、このチームがスコットランド観光局の状況への対応を上手にまとめ、市民やその他の業界関係者にそれをうまく伝えた。重苦しい話題ばかりが取りざたされる中で、暗い話をただ右から左に流すのではなく、役立つ情報を提供することに主眼を置いたのだ。

また同時に、観光局は予約パターンと消費者や企業の信頼度を追跡するシステムを設置し、観光業界に関わる変化の兆候を捉えようと努めた。

実際にどうなったか？

たいていの場合、現実にはひとつのシナリオが起きるのではなく、いくつかのシナリオが入り混じった展開となる。イラク戦争もそうだった。軍事的には「西側の勝利」のシナリオが現実にもっとも近かったとはいえ、テロリズムは抑えられていない。私たちの日常は、「テロリズムの激化」で描かれた、恐怖、政府の監視、安全保障といった問題に影響されている。旅に出るとかならずそうした問題の存在を実感する。

シナリオ・プランニングの綿密なプロセスのおかげもあって、スコットランド観光局はこうした問題をはっきりと理解し、備えが必要ないくつかの弱点に意識を向けることができた。

- スコットランドに訪れる海外旅行者の中でこれまで最大だったアメリカ人観光客は減少する可能性がある。アメリカ人の安全性、反アメリカ感情の盛り上がり、経済の弱体化、そして不利な為替レートなどのためだ。ヨーロッパ大陸からの観光客を狙ってマーケティングを展開する方がいいと思われる。スコットランドへの小旅行は彼らにとって魅力が大きく、為替レートもそれほど不利にならず、渡航先として割高でもない。

- ヒースローやガトウィックといった国際ハブ空港は、スコットランドへの多くの旅行者にとって重要な入口となる。しかし、これらのハブ空港はテロリズムのターゲットになる可能性が高く、このふたつの空港で乗り換える旅行者は多くの面倒な保安検査の手続きを経なければならない（そして、万一テロ攻撃を受ければ、スコットランドも大きな打撃を受けることは間違いない）。したがって、スコットランド観光局は、ハブ空港経由でない直行便の数を増やすようロビー活動を行う必要がある。

- 地域的な緊張が原油価格を押し上げるにつれ、スコットランド観光もその影響を受けるだろう。格安航空はそれほど格安ではなくなる。車による移動もこれまでよりコスト高となる。この影響を緩和するために、スコットランド政府は公共交通の利用と代替策の開発を促すことになるだろう。ヤオマンが言うように、スコットランドではガソリン自動車の代わりに電気自動車を使うメリットも大きいだろう。

- ヨーロッパでのテロ対策として、イギリス政府は旅行者に、ビザなどのさらに厳しい入国規制を課す可能性がある。その他のさまざまな面倒な手続きに新たな障害が加われば、スコットランドから遠ざかる旅行者が増えるかもしれない。スコットランドはこれにどう対応すればいいか？ より常識的な政治解決を訴えるべきである。

最後に、この背景（戦争とテロリズム）を念頭に置いたシナリオ・プランニングの重要な点のひとつは、関係者にスコットランド観光への脅威となる出来事を身近に感じさせることである。そうすれば、不利なシナリオが現実化した場合に備えて、不測事態への対応と情報伝達の計画を作っておくことができる。

スコットランドへようこそ
（黄色文字はケルト語の同意）

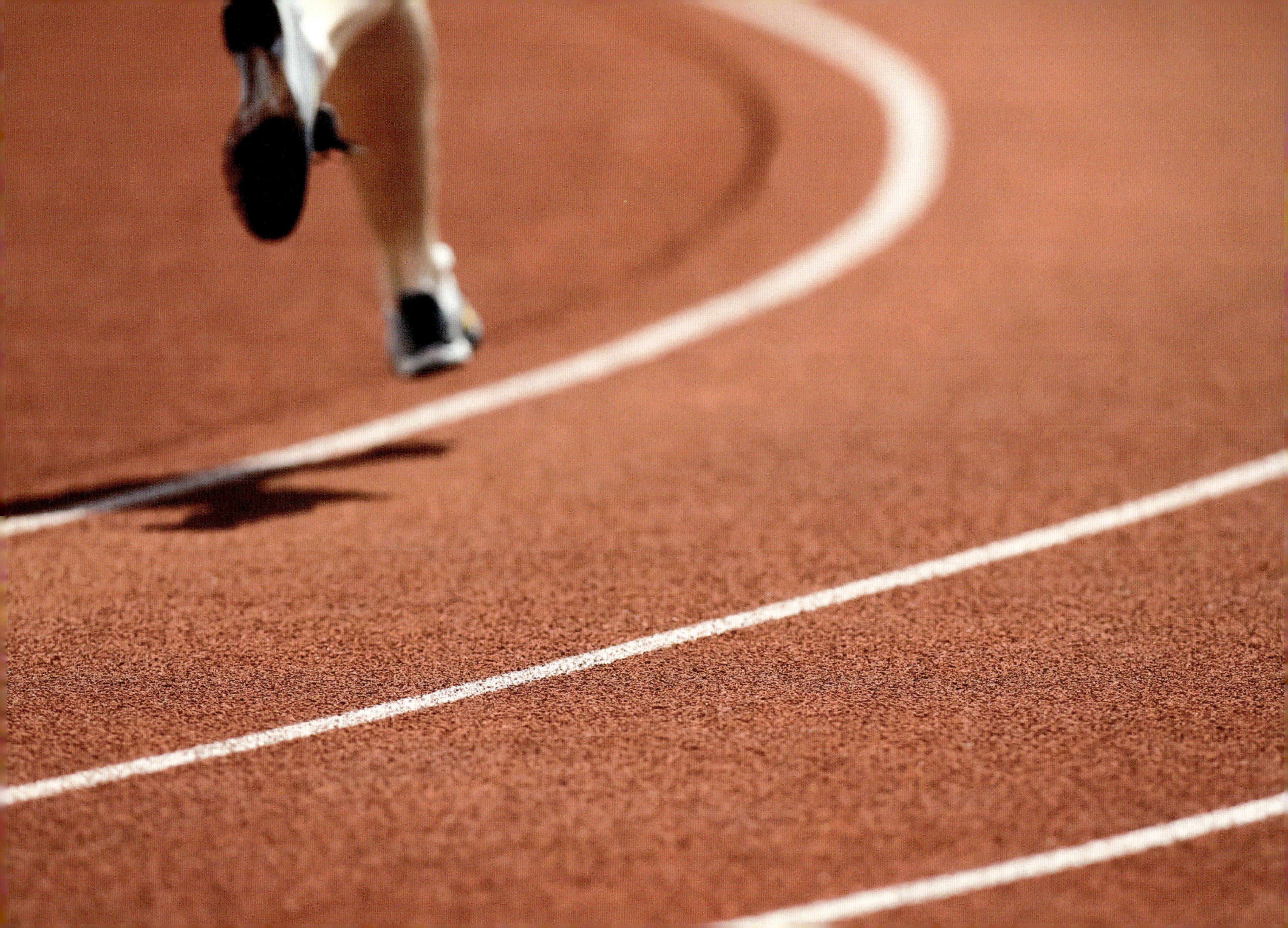

正しい道の上にいても、
ただそこに座っていたら、
車に轢かれてしまうだろう。
ウィル・ロジャーズ

CHAPTER 4
ブラック・スワン

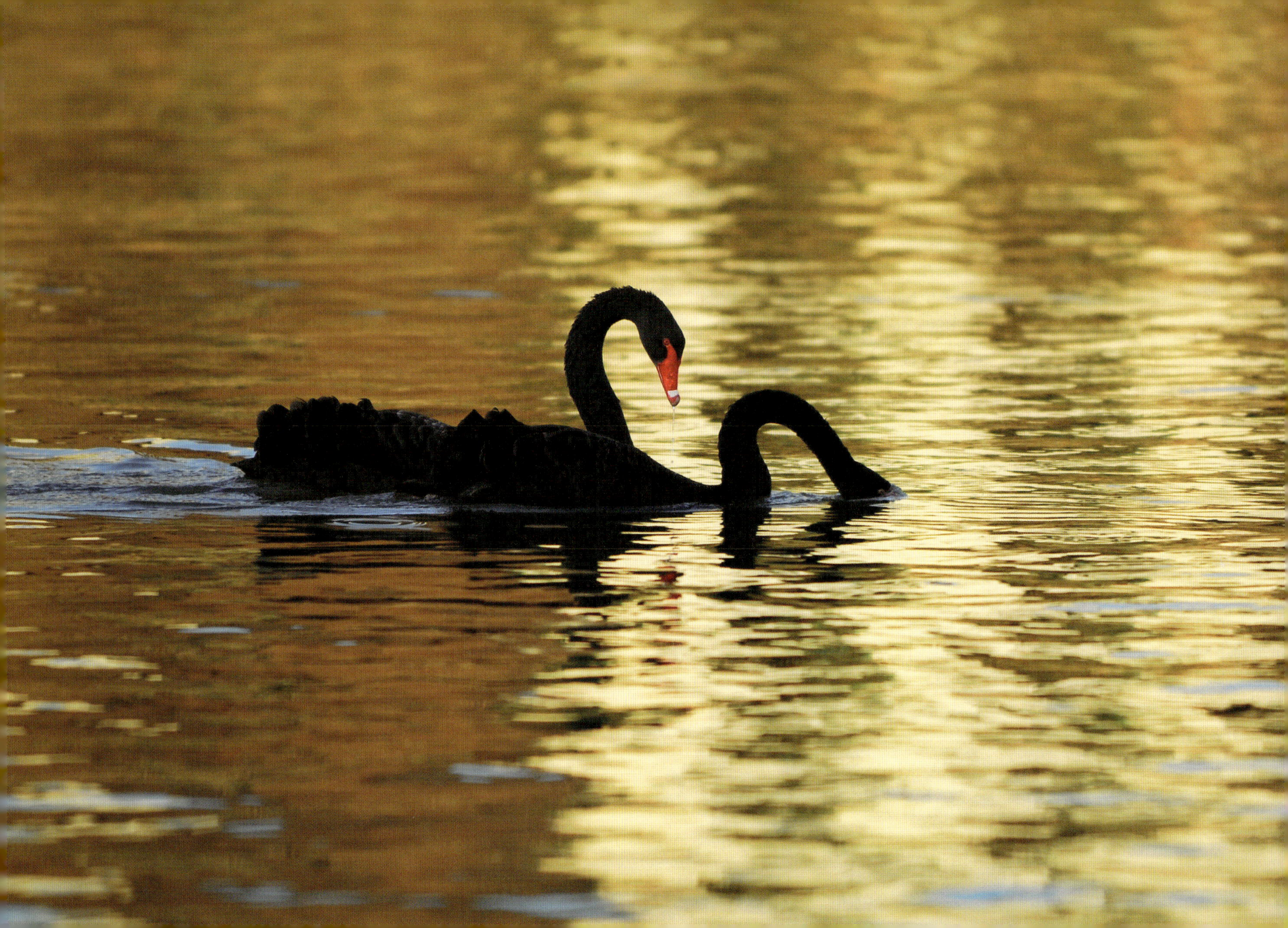

「どんな戦闘計画も、敵に遭遇すれば変わる」という中国の古いことわざがある。私もキャリアの初期に、マーケティングプランや戦略プランの表紙にいつもこの言葉を載せたものだった。もちろん、私の皮肉が通じない上司には、この手は使わなかったが。この言葉が意味するところをありがたがらないCEOも、もちろんいるはずだ。つまりそれはこんな意味だからだ。

> ボス。これが私の立てた計画ですが、細かいところまですべてが実現できると思わないでいただきたいのです。なぜかって？ それは、時間が経てば市場や顧客について新しい発見があるからです。運が良ければ、そこで面白いビジネスチャンスを発見できるかもしれません。ライバルの反応もわかるでしょう。それに、かならずそのうちに不測の出来事が起きるはずです。つまり、「敵に遭遇する」のです（それが現実というものです）。私たちの計画（どれほど素晴らしいものであっても！）も、いずれ途中で修正する必要が出るでしょう。

「不測の出来事」。戦略プランナーを一気に落ち込ませる言葉だ。さまざまなことに思いを巡らせ、創造性を発揮して未来のシナリオを考え抜いても、突然予想もしない出来事が起きて、一気にそのシナリオを的外れなものにしてしまうかもしれない。いくら必死に練った計画でも、それは避けられない。

少なくともそう考えるプランナーはいるし、それはあながち間違いではない。とはいえ、それがまったく正しいわけでもない。シナリオ・プランニングは不測の出来事を予想することはできない。それは確かだ。しかし、それが起きる可能性といつそうなるかを考える助けにはなる。のちほどその理由と方法を見ていくが、今はまず、「不測の出来事」とはなにかを掘り下げてみよう。

Required Reading
必読書

ある日突然計画を台無しにする不測の出来事を、シナリオ・プランニングの世界ではワイルドカード、またはブラック・スワンと呼ぶ。ここでは、2007年にナシーム・ニコラス・タレブが著した『ブラック・スワン』(ダイヤモンド社)のタイトルを使うことにしよう。

この驚くほど挑戦的な著作の中で、タレブはブラック・スワンの3つの特徴を描いている。まず1つ目の特徴は、それがきわめて珍しく、起きる確率が非常に低いこと。ほとんど起きないことなので、現実的には考えるまでもなく、可能性を除外されているような出来事である。
事実、「ブラック・スワン」という名前もそこからきている。ローマ時代から、ブラック・スワンは存在しないものを表現する概念として、哲学者に使われてきた。スワンはすべて白いことが前提とされていたのだ(1970年にイギリスの探検家がオーストラリアで黒鳥の種を発見するまで、それは正しいと思われていた)。
ブラック・スワンには、起きる可能性が低すぎて可能性を計算するまでもないと考えられるものもあれば、それが起きることさえまったくわからないものもある。後者のブラック・スワンは、まったく予知できない。
どちらのブラック・スワンにも、つまり起きるとわかっていても可能性がきわめて低いために除外される出来事も、それが起きることさえまったくわからない出来事も、ひとつの共通点がある。それが起きると、全員が不意打ちをくらうことだ。

タレブが挙げる2つ目の特徴は、ブラック・スワンが起きると、稀にみるほど甚大で深刻な影響があることだ。ブラック・スワンは、ただの重大事ではない。それはゲームを根本から変える出来事である。それが正確にどのようなものかは、あなたと、そのゲーム次第だ。広範で長期的な影響を世界全体に及ぼすブラック・スワンもある。

たとえば、10数年前には予想もしなかったフェイスブックの出現は、数億人のコミュニケーションの方法や付き合い方を変えた。
しかし、すべてのブラック・スワンが、グローバルな影響力を持つわけではない。それがあなたの組織や業界内の出来事の場合は、外部の人はまったく気づかない。だが、その狭い範囲の中で、人々や組織に深刻な影響を与えるものなら、ブラック・スワンと言えるだろう。たとえば、あなたが食料品店の経営者だとする。万事うまくいっていたところに、ある日ウォルマートが開店する。ウォルマート? どうして? あなたの住む町はウォルマートには小さすぎると思っていたのに! だが、実際にやってきた。あなたは(そして町のほとんどの小売店も)唖然としてしまう。あなたにとって、これは典型的なブラック・スワンだ。予想もしない出来事が、あなたの商売の環境を根本から変えてしまう。だが、ウォルマートと競争しない商売なら、なにも変わらない。小売業界の巨人がやってきても、彼らにとってはブラック・スワンでもなんでもない。

3つ目の特徴(だと私が思うもので、3つの中でいちばん重要性が低いもの)は、ブラック・スワンが起きたあとに、人々が振り返って当たり前だと言うことだ。起きるべくして起きた、と。
ブラック・スワンについて、あとふたつ指摘しておきたい。こうした出来事が突然起きると考える人もいるだろう。ベスビウス火山が噴火してポンペイが破壊されてしまったように、いきなりどこかの企業が無知なライバルを一掃してしまうようなものだと思うかもしれない。だが、かならずしもそうとは限らない。タレブ自身、インターネットの出現をブラック・スワンだとしているが、インターネットがある日突然普及したのではないことは、明らかな事実だ。重要なのは、インターネットがどれだけ速く影響を与えたかでなく、どれほど広い範囲にその影響が及んだかなのだ。

また、だれの視点で物事を見るかも重要なポイントだ。タレブは七面鳥の人生を例に挙げた。七面鳥は、毎月毎月ごちそうを与えられ、親切な農民にかいがいしく世話をされている。七面鳥がラッキーだと思うのも当然だ。快適な生活、有り余る食べ物……これまでの生活から考えて、この素晴らしく贅沢な生活が続くと思い込んでもおかしくない。

だが、そうはならない。七面鳥にしてみると突然に、感謝祭の前日に小屋の裏に連れていかれて……どうなるかはおわかりだろう。七面鳥からすると、これ以上に劇的なブラック・スワンはないとも言える。
しかし、農民にすると、すべては計画通りである。1年かけて七面鳥を太らせたのは、たくさんの付け合せと共に盛られる感謝祭のごちそうを準備するためだったのだ。そして、その計画の仕上げが七面鳥の死だったのである。それがこの一部始終だ。農民にとっては、これはブラック・スワンでもなんでもない。

「不測の事態だ、きみ、不測の事態だよ」

1950年代に行われたイギリスのハロルド・マクミラン首相への有名なインタビューで、ある記者が政府の計画の綿密さを賞賛し、こう聞いた。「首相、ですが、この計画をすべて吹き飛ばすような出来事が起きるとすれば、それはなんでしょう?」

首相の有名な返事は、こうだった。「不測の事態だ、きみ、不測の事態だよ」

そう。不測の事態がすべてを変える。しかし、不測の事態が起きたからといって、なにもかも諦める必要はない。シナリオ・プランニングの大きなメリットは、異なる未来の輪郭を描く助けとなると同時に、普通では起きないことや、考えられないことを考えさせてくれることだ。だからこそ、不測の事態が起きた場合に、それほど驚かずに、そうした出来事に冷静に対処できるのである。

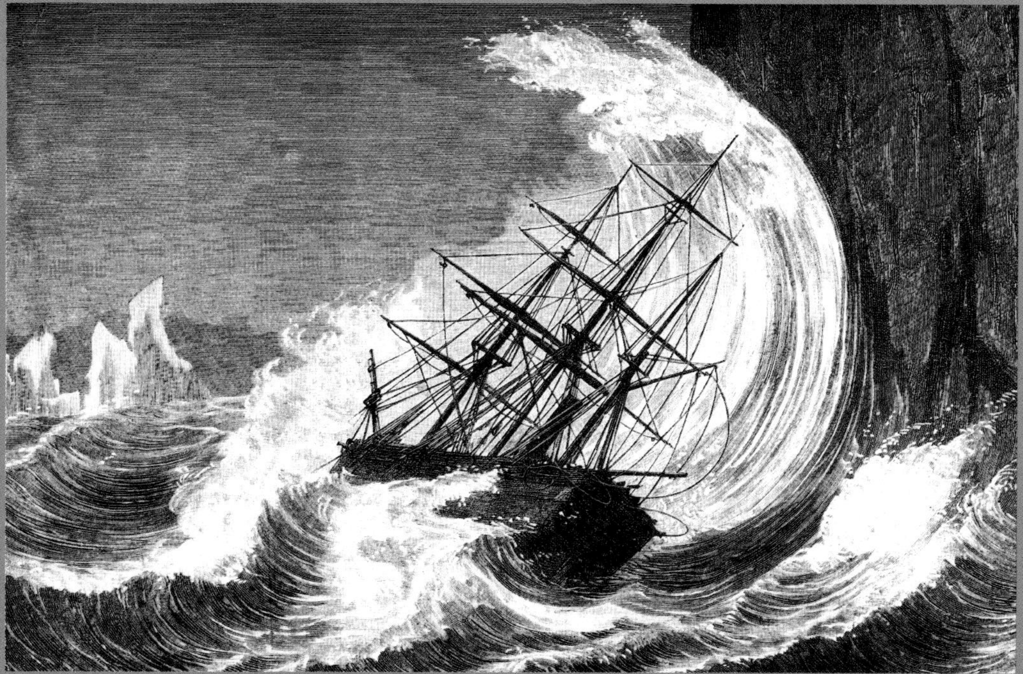

A Few Black Swans throughout History
歴史上のブラック・スワン

ブラック・スワンは事前に予測がつかず、起きると甚大な影響を及ぼす出来事である。タレブが描いたように、それはかならず不意打ちとなる。しかし、振り返ってどのようにそれが起きたかを筋道立てて考えると、事前に予見できたことがわかる。人類の歴史のおよそ99パーセントはこうした不測の事態、つまり、起きることをだれも想像しなかった出来事や発明や発見から成り立っている。そして、それが起きた後、世界は姿を変えている。こうしたブラック・スワンのいくつかは、それを境にして世界の歴史を「その前」と「その後」に分断するほど、重大な出来事である。ブラック・スワン後の世界は、「新しい日常(ノーマル)」と考えられるようになる。

次に挙げるのはそうしたいくつかの事例だ。

第1次世界大戦

1914年6月頭の時点では、ロンドン、パリ、ベルリン、またはサンクトペテルブルグの首脳たちの中で、その月の終わりにバルカン半島の小さな町サラエボで起きた暗殺事件が、数日のうちに大陸全体、そして全世界を戦いに巻き込むと想像できた人間はいなかっただろう。しかし今、歴史の入門クラスでは、これが避けられない出来事だったと教えられる。またこれが、ヨーロッパにおける国粋主義の台頭、複雑に絡み合った同盟国の関係、イギリスとドイツの覇権争いといった一連の動向の必然の結果だと説明されている。このブラック・スワンの影響は計り知れないほど大きなものだった。ひと世代がほぼすべて亡くなり、ヨーロッパ、アフリカ、中東の地図は書き換えられた。ファシズムが台頭し、最終的に第2次世界大戦へとつながった。

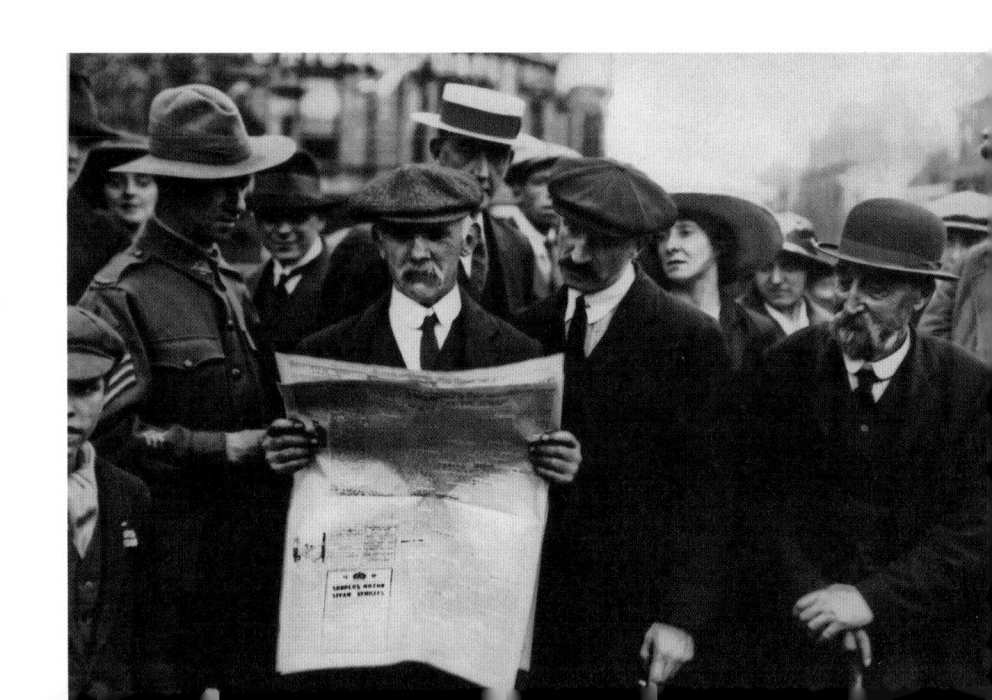

2001年9月11日

点と点をつなげていれば、4人のハイジャック犯によるアメリカへのテロ攻撃を未然に防げたはずだと主張する人もいる。だが、諜報機関の報告書にヒントが含まれていたとはいえ、それが起きる前にこの悲惨な日を予知することは現実的には不可能だった。同時多発テロの経済への打撃と、その深刻な地政学的影響は今も感じられる。私たちが飛行機に乗るたびに体験する厳重な警備もまた、このテロ攻撃がもたらした永遠の変化だ。この「新しい日常(ノーマル)」は、あまり居心地のいいものではない。

リーマン・ブラザーズの破たんと2008年の金融危機

食品会社ネスレのピーター・ブラベック元CEOは未来予想の欠陥について、こう取材に答えている。「複数年計画の中にこの金融危機を予想していた銀行は世界中どこにもなかったはずだ。銀行業界全体にとって、この危機は過去数十年に起きたもっとも深刻な出来事だった」。だが、金融危機へとつながる一連の出来事を振り返ると、それが必然で予想できたように思えてしまう。

2010年のメキシコ湾原油流出事故

メキシコ湾に依存する産業（地元の漁業や観光産業）にとってのブラック・スワンは、その年の4月20日に起きた、沖合の掘削施設の爆発による原油流出の大惨事だった。最終的に500万バレルの原油がメキシコ湾に流出し、経済と環境に1000億ドルとも言われる損失を与えた。これは予想できたことか？　掘削業務の専門家によると、リスクはあったという。事故を予見し、その影響を想像することはできたかもしれない。だが、毎日を普通に生きる人々には予想できなかったはずだ。これは、典型的なブラック・スワンのシナリオである。

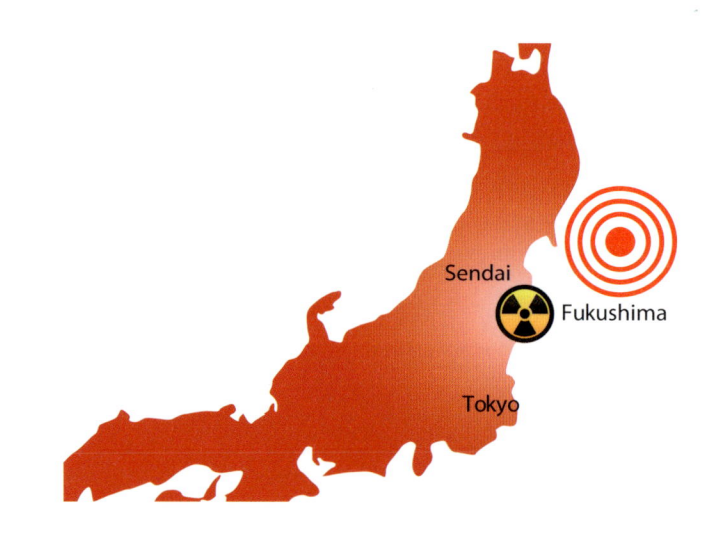

2011年の東日本大震災時の津波

歴史上もっとも激しい地震のひとつ（マグニチュード9.0）が日本の東北沿岸部に破壊的な津波を引き起こし、多くの人命と財産を奪った。この災害は、東北の人々に悲劇をもたらしたばかりか、世界の原子力エネルギー産業への破滅的なブラック・スワンだった。福島原発に津波が押し寄せ、メルトダウンを引き起こしたのである。それまで何年もの間比較的おとなしかった原子力エネルギー反対運動は、事実上一夜にして国際的な勢いを取り戻した。スイスとドイツとイタリアは、それから3カ月もしないうちに未来のエネルギー源としての原子力を放棄し、他の多くの国もその安全リスクについて議論することになった。本書執筆中の現在、この産業の未来は非常に暗い。

ポジティブなブラック・スワン

これらの事例を見ると、ブラック・スワンとはネガティブな影響を与える出来事だと思われても仕方がない。だが、そうとは限らない！　たとえば、テクノロジーの進歩を考えてみるといい。テクノロジーや医療は、しばしばブラック・スワン的な発見によって飛躍してきた。

そのいい例は、ペニシリンの発見とそれに続く抗生物質の開発である。今では（最貧国以外では）感染症で死ぬことはほとんどなく、ひっかき傷からばい菌が入って死ぬことなどはもちろんない。だが、抗生物質が開発される前は、それが珍しくなかった。第2次世界大戦以前のあらゆる戦争では、戦闘で死ぬ兵士より、感染症の死者数の方が多かった。アレキサンダー・フレミング博士とその奇跡の発見が、すべてを変えたのである。
偶然による「新大陸」の発見は、だれも予想しなかった。だがそれは明らかに歴史を根本から変えた、ポジティブなブラック・スワンの例である。

きわめて日常的なレベルでも、私たちの身近にブラック・スワンは起きている。結婚相手となる人に出会う確率を考えてみるといい。子どもに話す『僕がママに出会うまで』のストーリーは、100万に1つの珍しい出来事が重大な結末につながる完璧な例である。「いつもの電車に乗り遅れて、角の喫茶店で次の電車を待つことにしたんだ。そこでコーヒーを飲みながら考えごとをしていると、見たこともないような綺麗な女性が入ってきて……」

あり得ないような確率だ。しかし、その影響は測り知れないほど大きい。

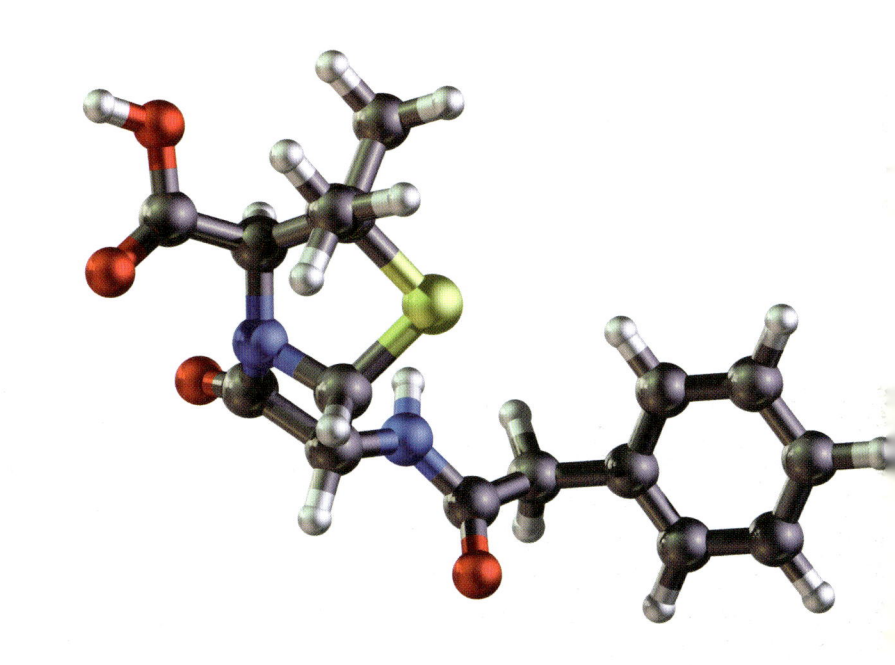

What If...?
もしも……だとしたら？

もしも、アメリカが明日から、大学卒業資格を持つ人々全員に国籍にかかわらず自動的にグリーンカードを与え、アメリカでの生活と仕事の許可を与えると発表したらどうなるだろう？
もしフランスが、国民にグローバルな競争力を身につけさせるために、すべての教育を英語に切り替えたとしたら？
もし火星から緑の小人がやってきて、地球人にただでクリーンエネルギーを無限に与えたとしたら？

この3つの作り話は、まったくありそうにないことだ（フランスが英語に切り替えるという話もかなり強引だと認めよう）。だが、もしそんなことが起きたら、アメリカでもそれ以外の国でも、あなたの仕事も含めて多くの産業や企業が影響を受けることは間違いない。それこそが、ブラック・スワンの特徴なのである。確率は低く、影響は大きい。

ブラック・スワンを考えることになんの得があるのか？
実際にそれに備えることができるのか？

できる。一連の未来のシナリオを考えて肉付けし、柔軟な戦略を作ったら、その戦略が「もしもの場合」に耐えられるかを試してみるといい。そうするのは、「もしも」が実際にやってくるからではなく（理論的には起こりうるが）、その戦略が不測の事態に耐えうるかを問うためだ。また、これはシナリオ・プランニングの参加者にとってもいい頭の体操になる。
これを「ワイルドカード」と呼ぶシナリオ・プランナーもいるが、ここでは「ブラック・スワン」と呼び続けることにしよう。突然の出来事とその打撃に耐えられる回復力と臨機応変があなたの戦略に備わっているかを確かめることが必要だ。

ほとんどのブラック・スワンは、あなたの会社に突然降りかかるリスクと無縁ではない。それが存続の危機に関わる場合もある。あなたの戦略にストレステストをかけるには、「ヨハネの黙示録」に描かれた不測の出来事をそのまま借りてくるといい。戦争や自然災害がサプライチェーンを破壊したり、市場を混乱させたりした場合、その戦略は耐えられるだろうか？ SARSのような伝染病はどうだろう？ もし最大の顧客が倒産したら？ 全財産を奪われかねないような訴訟を起こされてしまったら？

一見ポジティブにみえるブラック・スワンでも、時間が経つにつれて幸運に見えた出来事が思いがけない結果をもたらすこともある。驚くほど寛大な火星人から使い放題のエネルギーを贈られたら、それが自分たちの存亡の危機になるとは思わないだろう（もちろん、あなたがエネルギー業界にいれば話は別だが）。しかし、エネルギー費用がゼロになった世界で競争することを想像してみることは、ただの頭の体操ではない。それは、この制約がなくなったとき、あなたの業界の競争がどう変わるかを思い描く助けになる。現実の世界でエネルギーコストがゼロになることはないとしても、いつかその役割が小さくなるかもしれないのだ。

とはいえ、あなたが考えるべきなのは、会社を傾かせかねないブラック・スワンだ。それが企業を直撃する場合もあれば、その産業全体、あるいは経済全体の健全性と安定を脅かす場合もあるだろう。それが、あなたの会社を存亡の危機に追い詰めることもありうる。

前者のブラック・スワンの例は、次のようなものだ。

- 強力なライバルが優れた商品を発売する。それははるかに優れているため、あなたの商品は完全に市場から駆逐されるかもしれない。
- 思いがけず、主力の人材を失う（チームが別の会社に移る。経営陣になんらかの悲劇が起きる、など）。
- 新しい規制によりビジネス手法の変更を強いられ、その莫大なコストが利益を圧迫する。
- 大きな産業事故が起きる。

後者のブラック・スワンに属するのは、あなたにネガティブな影響を与える世界規模の悲惨な出来事である。戦争と伝染病はすでに指摘したが、その他にも、きわめて不都合な出来事が存在する。ここに、その中のほんの少数の例を紹介しよう。

- 世界の準備通貨である米ドルが暴落する。またはユーロが崩壊する。
- あなたのビジネスに欠かせない原材料の価格が突然暴騰する。
- 法人税率が大幅に上がる。
- 株式市場が崩壊する。

読者の皆さんは、「おい、ちょっと待ってくれ」と思っているかもしれない。「もしブラック・スワンが予想できないのなら、どうやってそのリストを作るんだ？　それが予想されたら、ブラック・スワンでなくなるのでは？」

確かにそうだ。絶対に想像できないような出来事という意味では、これらはブラック・スワンと言えない（私がすでに想像しているのだから）。むしろ、これらは最高の戦略でさえも狂わせてしまう不測の出来事の例にすぎない。想像力を働かせて、あなたのブラック・スワンを考えてみよう。特にあなたの組織の弱点を突くものを。その上であなたの戦略がどのような結果につながるかを深く考えれば、必要な施策を加えて戦略をより盤石なものにできるだろう。

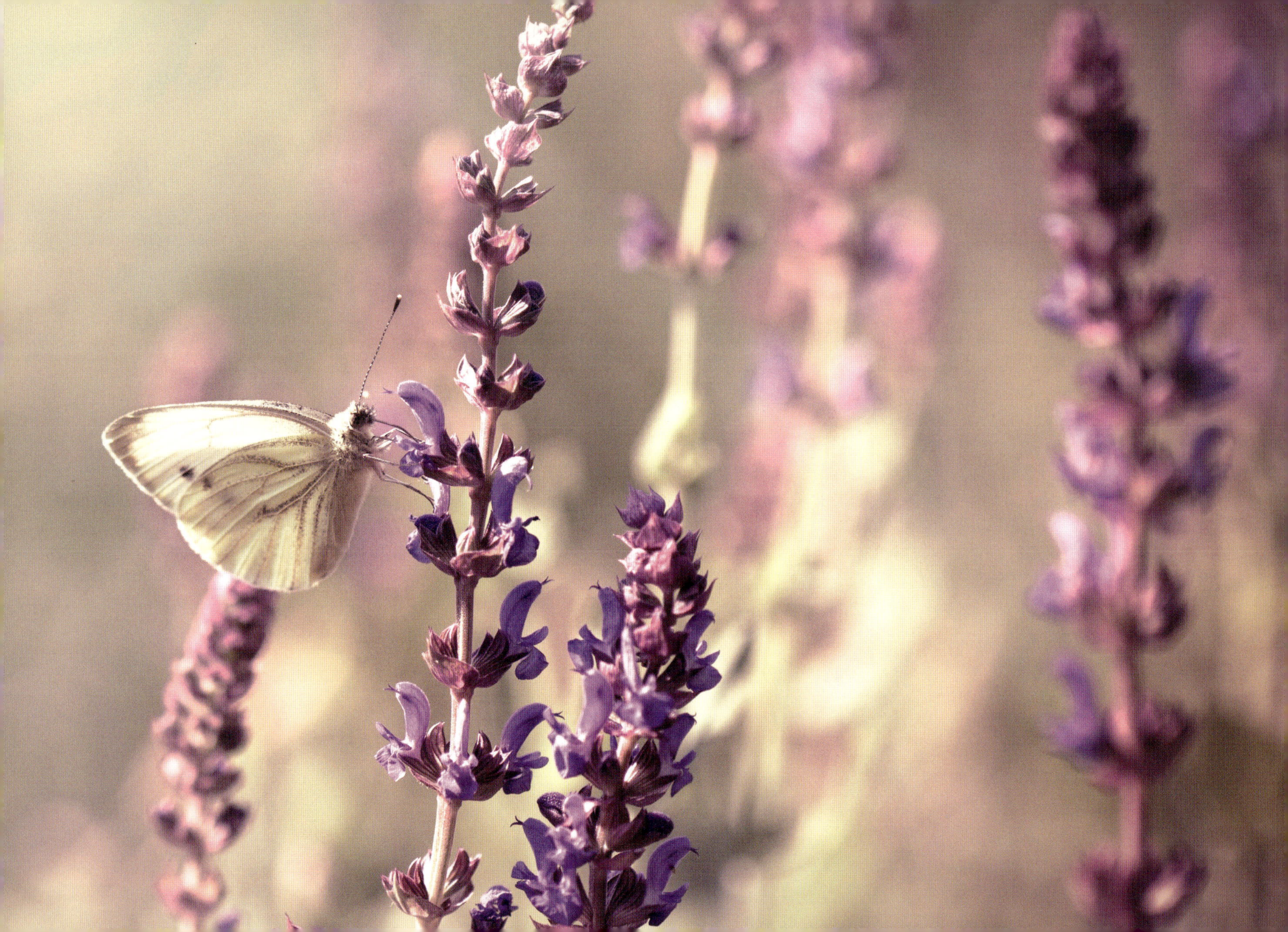

いも虫を見ると、
それが蝶々になるとは想像もつかない。
バックミンスター・フラー

CHAPTER 5
準備はいいか？

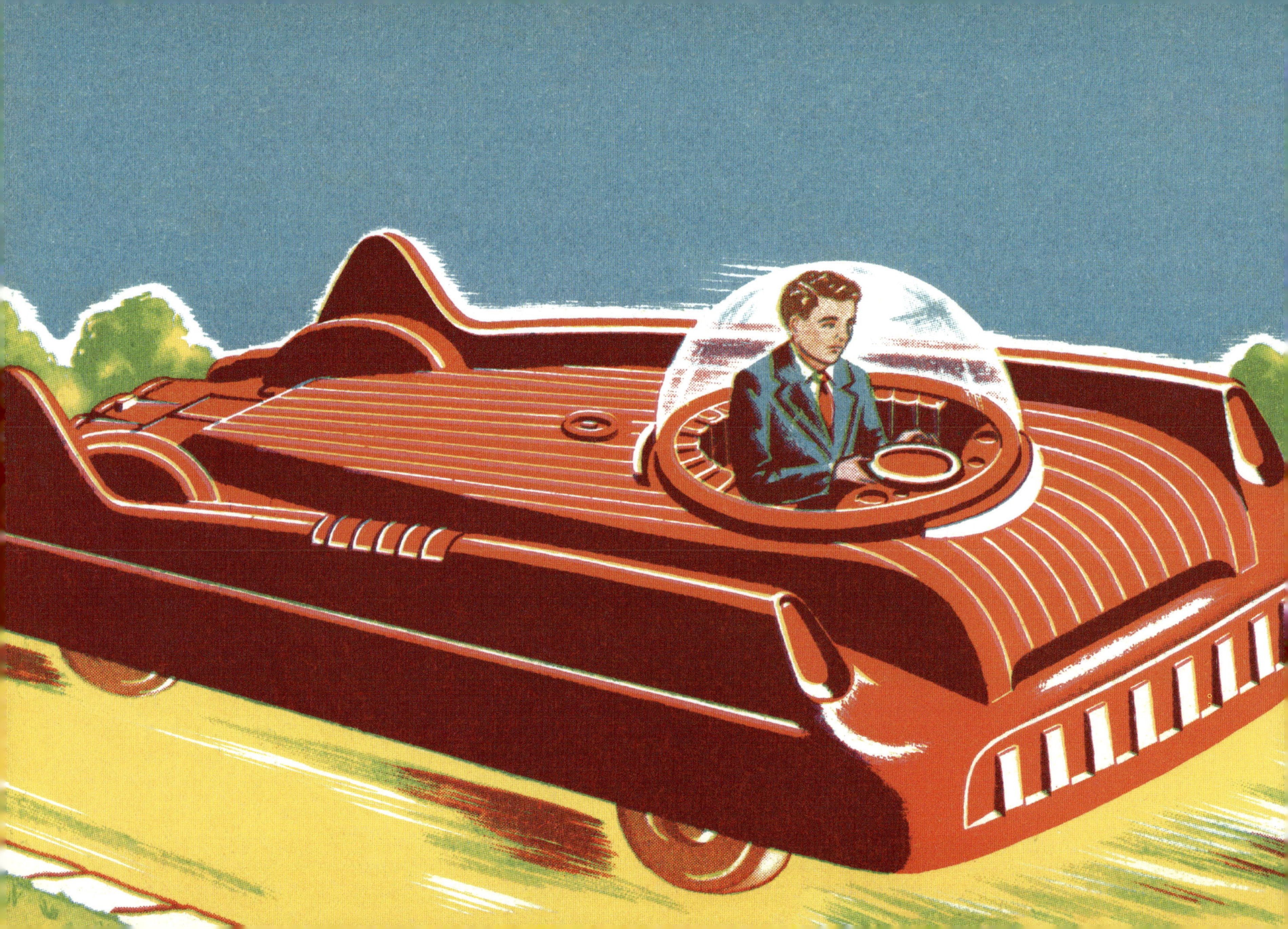

私は、わくわくするような未来の世界を描いた本を読むのが大好きだ。私の書斎にはそうした書籍が山積みになっている。いつもついアマゾンでそんな本を注文してしまう。20年先、いや50年先の生活を描いたそれらの鋭い予測に、私はただ純粋に魅了され感動する。空飛ぶ自動車！　頭が良くなる薬！　世界平和！
私が最近読んだある本は、大胆にも100年後の未来を描いていた（それが正しいかどうかを確かめるまで生きている自信はない）。

未来予想は楽しい仕事だ。だが、シナリオ・プランナーは、基本的に未来を予想すべきではない。なにが起こりうるかを描くよう努めるのはいいが、なにが起きるかを知っているふりをしてはいけない。未来を知らないのだから。それに、シナリオ・プランニングの価値は、さまざまな未来を描くことにある。ひとつの素晴らしい予測を取り上げて、「はい、みなさんこれですよ」と示すことではない。

それを念頭に置いて、この章では未来について取り上げてみたい。といっても、それは私の机の上に積まれたベストセラーに描かれているような、自信満々の確実な未来予想ではない。むしろ、今起きているいくつかのトレンドに注目し、「これがどこにつながるのか？　このトレンドが続けば、世界はどうなるのか？」を考えてみたい。

未来を形作る要因を考えるとき、ほとんどのトレンド・ウォッチャーは、今起きている政治、経済、社会、テクノロジーの変化（PEST、または第2章で紹介したSTEBNPDILE）とその影響に注目している。こうした基本要因を網羅するかわりに、私たち人間、消費者、そして社会（PESTのS）に間接的だが長期的な影響を与えうる、現在進行中のトレンドをいくつか選んで、ここで紹介してみよう。P（政治）、E（経済）、T（テクノロジー）の要因については、次回作までお待ちいただきたい。

では、なぜ社会的要因に注目するのか？　なぜなら、社会の変化はもっともあやふやで、長期的にもっとも広範な影響を与えることになると思われるからだ。社会の変化は、ある意味で、今起きているトレンドの「結果の結果」だとも言える。

たとえば、原油価格の急騰を例にとってみよう。それは明らかに現在進行中の経済トレンドであり、非常に重要なものでもある。その影響のひとつ（異論のないもの）は、ガソリン価格の高騰だ。これが続くと中流層の消費者は移動手段を変えざるを得なくなる。家計への負担を和らげるために、中流層は大型車を小型車や燃費のいい車に買い替え、低所得者層は車を手放してバスに乗るようになるだろう（実際、1970年代にそんな映画を見たことがある）。もちろん、原油価格上昇の経済的影響を直接に受けるのは、自動車産業と公共交通、そしておそらく都市の拡大に関連する領域だ。しかし、その「結果の結果」として、新たに「持たざる人々」となった層は、高級車やSUV（ぜいたく品だと考えられ、嘲笑と羨望の的となっている）を所有し続ける「持てる人々」に鬱憤をつのらせることになる。

そうした鬱憤、羨望、怒りといった感情は、さまざまな形で表に現れ、不愉快な結果をもたらす。つまり、原油価格の上昇は、貧富の格差を生み、社会感情に影響を与えうるということだ。そして、その社会感情は、消費者行動や政治、ひいてはすべての会社や組織に、重大な影響を与える可能性がある。

この章に挙げたのは、読者の皆さんにこうした間接的なつながりを考えさせ、皆さん自身の会社を見つめさせ、準備はできているかと問いかけさせるような事例である。

Demographics: The War for Talent
トレンド①人口動態——人材競争

新たなテクノロジーや急騰するコモディティ価格と比べると、人口動態の変化は氷河が溶けるようにゆっくりと進むため、普通に生活していると見過ごしてしまう。だが、気づきにくいとはいえ、これは他のどの変化よりも大きく長期的なインパクトを与えうる。

先進国の高齢化はすでに周知のトレンドである。急速な高齢化現象を引き起こしているのは、ふたつの要因だ。出生率の低下（生まれる子どもの数が少ない）と寿命の延びである。高齢化の影響は、医療コストの上昇から、退職者が早めの夕食に向かうために起きるフロリダの午後4時半の交通ラッシュまで、さまざまな形で現われる。

ここでは、そのひとつの形に目を向けるとしよう。それは、今後10年間の組織の競争力に大きな影響を与えるものだ（つまり、だれにでもあてはまる）。
出生率は1世代前から下がりはじめ、今その影響が多くの国の労働人口に現われはじめている。先行きは決して明るくない。20年前から出生数は減少し続け、労働人口入りする若者の数はここにきて減りはじめた。たとえばドイツを例にとってみよう。過去20年の出生率の低下によって、ドイツの労働人口は今後10年から15年の間に、なんと500万人近く減少すると見られている。その他の国もまた同じような苦しい状況にある。
同時に、仕事をやめて年金を受け取る退職者の数はますます増え、年金コストを支える労働人口に加わる若者の数は減っている。つまり、新聞の1面級の金融危機が迫っているということだ。
がけっぷちにある国々は、退職年齢を上げるか、税率を上げるか、年金を減らすか、その他の公共サービスを削減するか、またはこの全部を行うかしかない。

その可能性があるギリシャではすでに暴動が起きている。実際にそんなことが起きれば、生活困窮者が増大するだろう。ビジネス環境は最悪になる。税金は上がり、地下経済が拡大するだろう。教育と基本サービスは削減される。社会不安や労働不安が起き、失業率が上がり、安全が脅かされる。こうした数多くの問題が起きるのは時間の問題だ。

そんな場所に希望は見出せない。当然、多くの若者たち、とりわけ教育を受けた、将来性のある若者たちは、もっと仕事の機会の多い安全な場所に移住し、その子どもたちにより良い未来のチャンスを与えるだろう。ありえない？　過去20年間で100万の人口がロシアから流出し、アイルランドの若者は大挙してイギリスやオーストラリアに移住しつつある。今の世界では、行こうと思えばどこにでも行けるのだ。こうした人口流出が、国家にどのような意味を持つのだろう？

まず、人材競争は、ますます激化する。若い大卒者を採用する企業にとって、候補者の絶対数は一層少なくなる。需要と供給の原則は、他の資源と同じく人材市場にも当てはまる。つまり、人材の価格が上がるということだ。その準備はできているだろうか？

多くの組織にとって、これはそれほど問題にならないかもしれない（幸運にも、あなたの組織もそうかもしれない）。雇用条件が魅力的な会社なら、優秀な人間でさえ入社できないかもしれない。なんてうらやましい！　だが、これはゼロサムゲームだ。絶対数はすでに決まっている。人材が足りなくなることは明らかだ。勝ち組企業と負け組企業が出る。欲しい人材を惹きつけ、採用し、留めるだけの魅力のない企業は、人材競争に敗れるだろう。するとどうなるか？

質問

・人材競争で、勝ち組となるための戦略があるか？
・人材を惹きつける資金力がないとしたら、それ以外の戦略があるか？

年収15万ドル

年収11万2500ドル

年収11万3000ドル

年収17万3000ドル

年収12万3000ドル

China's Bare Branches
トレンド②中国の独身男性――「裸の枝」

中国の経済発展はこの20年の最大のニュースだった。その思いがけない停滞と減速が次の20年の大ニュースとなるのだろうか？
中国が現在直面するふたつの大きな人口動態の変化が深刻な社会問題を引き起こし、成長の足かせとなったとしたら、そんなシナリオが現実に起きるかもしれない。

1つ目の問題は、中国の人口が異常なスピードで高齢化していることだ。他の開発国も同様に高齢化しているが、中国はとりわけ急速に成熟社会へと変化している。この原因は、1970年代の終わりに導入された、悪名高い「ひとりっ子政策」だ。都市部のカップルの子どもの数をひとりに制限するこの政策は、表面的には非常に成功していた。出生率は大幅に減少し、過去30年間で3億人の誕生が回避された。これはアメリカの総人口に等しい数だ。

しかし、社会政策は往々にして思いがけない結果を招くものだ。3億人の誕生を防げば、当然ながら人口構成を大きく歪めることになる。国民の平均年齢はどんどん上がり、労働人口に対する高齢者の割合は急速に高まっている。2030年までには、高齢者人口が子どもの数を上回るだろう。

中国では、伝統的に子どもが高齢者の面倒を見てきた。だが、ひとりっ子政策のために、現在では「4対2対1」の家族構成が当たり前になっている。ひとりっ子は両親と4人の祖父母の面倒を見なければならなくなる。
するとどうなるだろう？　高齢者の多くは施設に入ることになる。これまでのように家族内で世話をするには、若者の数が足りないのだ。これはビジネスチャンスになりうるか？　もちろんだ。実際、老人介護関係のサービス提供企業に投資するには、今が絶好のタイミングである。だが、中国の社会的つながりと価値観の面で、どんな犠牲が出るだろう？

急速な高齢化以外に、中国はもうひとつの人口動態の問題を抱えている。中国は、次の10年間に、さらに影響の大きな第2の問題、つまり「裸の枝」と呼ばれる問題に対処しなければならない。
何世紀にもわたり、中国社会（他のアジア社会も）は、女子よりも男子を大切にしてきた。とりわけ農村部では、父親を助けて農作業を行う人手として、男の子が望まれた。

だが、ひとりっ子政策のもとでは、もし最初に女の子が生まれると、公式には、男の子を持つことはできなくなってしまう（第1子が女の子だった場合には第2子を持つことが許されていた地域もある）。ということは、もし性別を選ぶことができるなら、どんな手段を使っても、男の子を産もうとする夫婦もいるということである。そして、性別を選ぶことは可能なのである。検査で胎児が女の子だとわかれば、中絶することができる。極端な場合、農村部などでは生まれたての女の子がそのまま捨てられ、出生の記録さえ残らないこともある。公式には子どもはいないので、もういちど男の子に挑戦できるというわけだ。

念のために言っておくと、性別選択のための中絶と幼児遺棄は中国でも禁じられている。だが、それは避けられない。ある調査では、中絶を受けた女性の3割が、性別選択のためだったと述べている（つまり、中絶されるのは女の子ばかりになる）。

するとどうなるだろう？　男女比が大きく男性に偏ることになる。中国全体で見ると、女の子100人につき119人の男の子が生まれている。地方によっては、これが女子100人につき男子135人となる。この男子出生率の高さは自然現象とは思えない。

20歳未満の人口を見てみると、男性は女性より3000万人多い。ここまでの不均衡は中国の未来に限りなく大きな影響を及ぼす可能性がある。数千万の中国人男性は、結婚して家庭を持つことを望めない。少なくとも中国人女性とはできない。それは、まさに「持てる者」と「持たざる者」の格差の概念を根本から変えることになる。

こうした不運な男子は「裸の枝」と呼ばれている。彼らは、「果実のならない木」に喩えられるのだ。

質問

・人類の歴史上、このような現象はこれまでになかった。これはどんな未来につながるのだろう？
・中国社会は（政府は）どのようにこの状況を救うのだろう？　移民か？　それとも通信販売の花嫁か？
・鬱積したエネルギーを軍隊に注がせるか？
・この不均衡（またはその解決策）は経済にどのような影響を与えるだろう？
・もしあなたの会社が中国でビジネスを展開している場合、どのような影響があるだろう？

Urbanization: The Big Grab
トレンド③都市化——巨大な器

過去数世代にわたって私たちが享受してきた、安価なエネルギーと原材料はもう望めない。コモディティとエネルギーの価格がこの先変動しながらも上昇していくことは確実だと思われる。

古き良き時代には、コモディティ価格を決めるのは、主に供給の問題と制約だった。価格は、収穫や台風、戦争、労働者ストライキといった供給面の出来事か、少なくとも流通の信頼性に影響されていた。たとえば原油を例にとると、数年前なら、OPEC（石油輸出国機構）は供給の元栓を開閉するだけで、原油価格をかなり正確にコントロールすることができた。

今も、供給の制約と中断は価格に影響を与えるが、価格を押し上げるのは膨大な需要の力である。この需要の増大は、世界中で10億人にも達しようとしている、新興国の新しい中流層の出現が最大の原因だ。インドだけを見ても、中流層の人口は急激に拡大し、2005年には人口の5パーセントだった中流層が、2025年には41パーセントになると予想されている。その間、5億5000万人の新たな消費者が生まれることになる。中国では、現在から2025年までに都市部の人口がおよそ3億人増加し、そのほとんどが中流層だと言われる。

進む都市化と大量消費が原動力となり、今後何年にもわたってコモディティ価格が上昇するだろう。都市化によって社会基盤の整備と住宅需要が増大し、大量消費は自動車、冷蔵庫、テレビ、エアコン、その他の西洋家庭にある家電用品といった、耐久消費材の需要を増加させる。インフラを整備し、新たな富裕層の需要に応える商品を提供するには、さらに大量の鉄、銅、ゴム、木材、セメント、そしてもちろんエネルギーが必要になる。

たとえば、自動車を例にとってみよう。中国は近頃、日本に変わって（アメリカに次ぐ）世界第2位の新車市場となった。中国における個人所有の自動車台数は、今後10年間で2500万台から1億4000万台に増えると予測されている（私の計算によると、増加分の1億1500万台を駐車するには、30キロ四方の駐車場が必要となる）。トーマス・フリードマンは、著書の『フラット化する世界』（日本経済新聞出版社）で、北京だけでも毎月3万台ずつ自動車が増えていると書いている。つまり、1日1000台増えていることになる。

自動車が増えればその分ガソリンも必要になるため、原油価格も確実に上ることが予想される。数年内に1バレルあたり200ドルを予想する人も少なくない。しかし1バレル200ドルになってもまだ、需要過多の状況は変わらない。

質問

- これまでよりもはるかに高い原油価格は、なにをもたらすだろう？
- 高い輸送費を反映して、インフレ率が上昇するのか？
- 旅行や観光業を圧迫するのだろうか？
- 政治的な緊張が起きることになるのか？
- それとも、政治の力によって、収益を生み出す代替エネルギーが促進されるのか？

世界中の原材料を食い尽くす

急速な経済成長と急激な都市化が同時に進む中国では、建材、エネルギー、消費財の需要はしばらくの間続くだろう。はっきりと言おう。中国は世界の原材料の大部分を食い尽くすかもしれない。

バークレイズ・キャピタルによると、中国はすでに世界の銅生産量の4分の1を消費している。10年前は10パーセントだった。また、グローバルなアルミニウム需要の拡大分の9割が中国向けである。グローバルな原油需要の10パーセントを占めるのも中国だ。20年前には、これは3パーセントだった。

実際、中国のこうしたコモディティへの需要は膨大で、中国の外交政策の中心は原油やその他の天然資源を確保することである。2007年に、胡錦濤国家主席は天然資源の確保のためにアフリカ大陸を回り、ナイジェリアの海底油田の45パーセントの権利を獲得し、コンゴから120億ドル相当の銅の採掘権を取得した。この金額は、コンゴの国家予算のおよそ3倍にものぼる。

中国はまた、カナダ、ベネズエラ、ペルーの石油探査と掘削に投資し、オーストラリアの砂糖精製にも手を出している。そのうえ、コモディティと引き換えに、ロシアとブラジルにも資金を貸与している。

質問

・中国の原材料と農作物への需要は続くだろうか？ もし続くとすれば、世界のコモディティ価格はますます上昇するか？
・中国は主要なコモディティの供給を独占し、他国を締め出すことができるだろうか？
・重要な天然資源をそれほど大量に中国に売り渡すことが、政治的な反発につながるだろうか？

まだ足りない！

「これからの10億人」は、もっといいものを食べたいはずだ。収入の増加は食生活の向上、特に肉類の消費の増加につながる。10年後の世界の肉類消費量は、20年前よりも65パーセント増加すると予想されている。

肉やその他の食品の需要拡大に対応するには、世界の農業生産量の大きな底上げが必要になる。しかし、それは簡単ではないだろう。まず、バイオ燃料の生産のため（間違った政治的インセンティブにつられて）、すでに世界の農作物のかなりの部分が食物連鎖から引き離されエネルギー生産へと投入されている。多くの市場では、都市化によって耕作地が減り、人口1人当たりの耕作面積は下がり続けている。農業に必要なのは耕作地の面積だけではない。土地の質もまた重要である。土地質が良くないと、収穫高は上がらない。肥料の供給も生産高を左右する。灌漑設備も問題となり、水の供給とその価格も考えなければならない。

一方で、農業市場への政治介入は今後も続くだろう。コメはいい例だ。2007年と2008年の価格高騰でパニックが起きたとき、輸出制限をかけて国内のインフレと潜在的なコメ不足への懸念を和らげようとした国もあった（インド、タイ、日本、インドネシア、ベトナム、中国など）。しかし、それがグローバルなコメ価格をさらに押し上げる結果となった。

私たち（読者の方々も）にとって、食糧価格の高騰はただの不都合なことだ。だが、可処分所得のほとんどをすでに食糧に使っている世界中の数億の人々にとっては大打撃である。またこうした人々が多く存在する国の政府にとっても、大打撃だろう。食糧不足は政情不安をもたらすからだ。たとえば、チュニジアとエジプトの暴動のきっかけとなったのは食糧価格の高騰であり、その後数週間で政権交代が起きたのである。

質問

・食糧価格の高騰に脆弱な国は、他にどこがあるだろう？　政府はどう反応するだろう？
・食糧価格が上がり続けた場合、人道援助の立場から市場への介入が要請されるか？　そうなれば、より人工的な価格の歪みが起きるだろうか？
・バイオ燃料への補助金は削減されるだろうか？　それは食糧（と燃料）価格にどう影響するだろう？

When 90 Is the New 60
トレンド④ 90代が60代になるとき

私たちの人生は長くなっている——ものすごく。人類の歴史のほとんどの期間、30歳はもう老人だった。世界的に見て、人間の寿命が急激に伸びたのは、この1世紀のことだ。2010年の世界の平均寿命は67.2歳だった。だが、これはあくまで平均で、極端に寿命の短い人々もこの数字に含まれている（たとえば、アフリカでは50歳に満たない地域もある）。

医療の進歩と健康的な生活のおかげで、寿命は延び続けている。このトレンドが続けば、先進国で生まれた赤ちゃんの半数は、100歳の誕生日を祝えるだろうという科学者もいる。
100歳まで生きられれば、素晴らしいじゃないか？　おそらく。ジェイ・レノはかつてこう言った。長生きするのはいいが、80代でもらえる余分な時間を、本当は20代のときに欲しかった、と。

ライフスパンが伸びることは、当然、興味深い影響を社会に与える。その中のいくつかは、今後数十年の間に私たちに影響しはじめるかもしれない。
そのひとつは、人生の区切り方が変わることだ。100歳まで生きることが珍しくなくなり、寿命以外はこれまでの生活と変わらない状態を想像すれば、私の言いたいことがわかるだろう。たとえば、人生のはじめの数年間は学校に通い、22歳で学校教育を終える。この教育が60年後、70年後、いやほぼ80年後にも通用するなどと考えられるだろうか？
あなたが今日大学を卒業して仕事を始め、（仮に）65歳で定年を迎えるとしよう。その後、どうする？　35年間も、庭をいじり、ソーシャルダンスのレッスンを受け、数独を解く？

もしあなたのキャリアが今日の平均的な軌跡を描くとしたら、あなたは同じ仕事に40年間かそこら留まることになるだろう。もし仕事ができる人なら、組織の中で昇進するが、それはたいてい上に昇るのであって、新しい分野に挑戦することはめったにない。建築家として仕事を始めれば、普通は企業弁護士や高校の生物教師になることはない。シェフとして訓練を受ければ、おそらくガラス工芸家や工業デザイナーには転向しないだろう。

もし27歳か28歳で結婚したとして、あなたと配偶者は72年間も本当に一緒にいられるだろうか？　現在の仕事や結婚の概念は、近い将来あまり意味がなくなるかも知れない。

新しい定年計画——80歳まで現役

退職者に年金を支払うという考え方が最初に生まれたのは、1880年代、プロイセン宰相だったオットー・フォン・ビスマルクが、新たに統合したドイツで世界最初の福祉国家の構築を目指したときだった。ビスマルクは労働者からの税金を財源として、高齢者が人生の終わりに尊厳を持てるように少額の年金を導入した。だが、あくまで目的は、人生の終わりを楽にすることだ。年金の支払いが始まる年齢は（はじめは70歳で、その後65歳に下がった）、平均寿命とほぼ同じだった。

ビスマルクは、定年の最適な年齢は、生産的な生活が送れなくなる年齢だと考えていた。1880年代には、それが65歳だった。退職者への年金の支給が35年も続く日がくるとは、夢にも思っていなかったに違いない。

退職年齢は、神聖不可侵なものなのだろうか？ 現代人は、65歳で使用済みにはならない。使用済みとは程遠い。たとえばアメリカの上院では、100名の議員のうち39パーセントが65歳以上である。75歳を超える議員も11人いる（100名全員がもうろくしているようにも見えるので、引き合いに出すにはいい例ではなさそうだが）。

質問

・次の世代では、退職までの公式期間が現在の40年（25歳から65歳まで）から、55年または60年に延びるだろうか？ それは80代の半ばまで働くことを意味している。しかし、退職年齢は、より長い私たちの生産的な生活期間と一致するようになるかもしれない。これは、政治的な観点から見て、現実に起きうることだろうか？ もしそうならないとしたら？

・退職者の数が増え、寿命も延び、政府の年金に長期間頼るようになれば、社会保障の財源が枯渇し、財政的に大きな不足が生じる。「非生産的な」老人への反感が起きるだろうか？ 国からの税金に頼って30年もぶらぶらと過ごすことを選ぶ退職者は、社会から非難されるようになるのだろうか？ それとも、少なくとも若い労働者たちは財政的な負担を負うだろうか？ そうなれば、階級的福祉の時代は終わり、世代的福祉を導入することになるのだろうか？

学校に戻る

必要なノウハウが急速に進化する中で、20代のはじめまでに受けた教育が40代までに時代遅れにならないと考えるほうが不自然だ。80代となればなおさらである。技術の分野では、大学1年時のカリキュラムが卒業時にはもう時代遅れになっている場合もある。

今後数年以内に、先を見る目のある教育者たちは、現在の教育モデルが持続不可能で、教育産業全体に根本的見直しが必要であることを、政府や教職員組合や親たちに納得させることができるかもしれない。教育構造をどう組み立てるべきか？ その目的はなにか？ いつ、だれが、どのように、教育を提供するのか？（この話題に関しては、このあとさらに議論しよう）

質問

・学校教育の内容がすぐに時代遅れになるとすれば、私たちが時代に遅れをとらないために、今後数年間に教育はどう変わる必要があるのだろう？

・私たちの職業人生が55年、または60年に伸びるとすると、その半ばでセカンド・キャリアを始める人が増えるのだろうか？

・すると、学校を卒業してから25年後のあたりで、2巡目の教育が必要になるかもしれない。教育を設計し提供する組織への影響は、どのようなものだろう？ どれくらいの教育機関が、私立ではなく公立として運営されているだろうか？

伴侶に出会う

100歳寿命が実現すると、結婚はどうなるだろう？　20代で結婚して4分の3世紀を同じ配偶者と過ごすことを期待するのは現実的だろうか？

すでに現在の離婚率が示すとおり、かなりの数の夫婦は15年間ももたない。75年となると、もちろんだろう。したがって、一言で言えば、答えはおそらく「ノー」になる。これは（キャリアと同じように）、全員が1度目、2度目、3度目と結婚することを意味するのだろうか？

きっと、そういう人もいるに違いない。しかし、現在起きている多くのトレンドが積み重なると、制度としての結婚の方向性に重大な影響が及ぶだろう。事実婚や婚外子の増加、婚前契約、同性婚、そしておそらくそのうち一夫多妻制が認められ、これらすべてが結婚、家族、そして社会に深刻な影響を与えることになる。

まず、今起きているトレンドを見てみよう。「正式に結婚せず一緒に暮らすこと」はもはや後ろめたいことでもなんでもない。国によっては1割から3割のカップルが事実婚状態にある。結婚という概念はもはやその土台を失っている。婚外子の割合は高く、スカンジナビア諸国では50パーセントにものぼる。イギリスでは子どもの4人に1人はひとり親に養われている。アメリカではそうした世帯が1200万にものぼり、それを後ろめたいことと考えるのは、政治的に正しくない(ポリティカリー・インコレクト)。仲良く過ごしているカップルに、伝統的な中産階級の価値観を押し付けるのは、余計なお世話なのだ。

家族のあるべき姿についての伝統的な概念は崩れたと言っていい。

婚前契約もまた、結婚の形を変えている。そもそも結婚という概念ができたのは、蓄積した資産を家族内に留めるためだった。婚前契約は、結婚の経済的な正当性を取り除き、自分の財産を確保して有無を言わせず関係を解消することを可能にする。こうした契約はどこでも法的に効力を持つわけではないが、概念自体は広まっている。あるイギリスの調査では、回答者の46パーセントが、今のところ法的有効性はないとしても、配偶者となる相手と婚前契約を結びたいと答えている。

同性愛者の結婚を制度として認めることは、家族の在り方を再定義する方向性へのさらなる一歩となるだろう。一夫多妻制を実践するイスラム移民が西洋社会に増加すれば、ひとりの男性とひとりの女性の間のものだった伝統的な結婚の概念はさらに崩れるかもしれない。

こうしたトレンドが積み重なると、結婚という概念そのものが、過去の遺物として、つまり古臭く不必要な慣習として、社会の中から次第に廃れていくかもしれない。制度としての結婚は完全になくならないとしても、契約の形で定められ法的に守られた「共同体」が既存の制度と並列して数多く存在するようになるかもしれない。こうした新しい取り決めを「結婚」と呼ぶかどうかは問題ではない。それが、現実的に、家族という単位を構成することになる。

たとえば、男性同士が結婚し養子を迎え、法的な家族となれるのだとすれば、2人の男性とひとりの女性の間の「共同体」は、法的に認められるのだろうか？では、3人の男性と6人の女性ならどうだろう？　この一線を越えると（今後数年のうちに、一線を越える可能性は高い）、因習にとらわれない共同生活の取り決めが一般的になり、選ばれた成人がそれに参加し、書類にサインして、何人もいる妻か夫のひとりとなり、新しい大きな「共同体」またはパートナーシップの中に入ることになる。それを「家族」と呼ぶこともできる。

そうした共同体には、家計を支える大黒柱が複数存在するため、経済的には盤石だが、お金の使い道を全員で決めるのは難しいだろう。そんな場合、今の家族と同じように、年長者が決める制度が役に立つかもしれない。両親の言い分は、つねに子どもの言い分より強いのである。

結婚制度が発達したもうひとつの理由である子育ては、共同体の責任となるだろう。その仕事のためだけに、共同体の中に新しい妻、あるいは母親を引き入れることもできる。その結果できあがる「家族」は、イスラエルの農業共同体「キブツ」と、ある種の母権的な共同体、つまりSF作家のロバート・ハインラインが『月は無慈悲な夜の女王』（早川書房）で描いた月植民地の生活における「共同体婚」を足して2で割ったようなものかもしれない。

こうした人工的な家族が現実のものとなる可能性はある。つまり、80年間の長きにわたって同じ配偶者に縛られるのではなく、その間に、自分に合う共同体を見つけ、必要に応じて別の集団に移ることができるようになるかもしれない。

もちろん、全員がこうした生き方を選択する必要はない。今後10年間はこれまで通り、同棲や結婚を通して新しい家族の大半は築かれていくはずだ。しかし、これまでの結婚の考え方が、今後さらに崩れていくことは間違いないように思われる。

質問

・慣習にとらわれない新しい種類の家族が一般的になると、社会にどのような影響が現れるだろう？
・それは、どのように消費者の考え方と行動を変えるだろう？　それがもたらすビジネスチャンスとはどんなものだろう？
・この新しい取り決めに役立つ商品やサービスはどのようなものだろう？

Redefining Education, One Screen at a Time
トレンド⑤教育を再定義する──少しずつ積み上げる

過去150年間ほとんど変化のない産業が教育である。いつ、だれに、どのように教えるかや、今私たちが教育と呼んでいるものの基本的な構成要素は、産業革命時代に作られたものだが、2世紀後の今もそれが続いている。実際、教育産業の一流機関の構造、たとえば大学を見てみると、1800年代の名残どころか、1400年代の名残りが見られるほどだ。

もちろん、近代化されている点もあるが、数十年、数百年というもの、教育はほぼ同じ形を保ってきた。大学の時代錯誤な慣習を思い出してみるといい。研究室には数百万ドルもする最先端の電子顕微鏡が備えられている一方で、その研究室にいる生物学の教授は、終身在職権という19世紀の雇用特権を享受し、中世の帽子とガウンを身に着けて儀式に参列する。ちなみに、終身在職権とは、教授が大学を喜ばせることで得られるもので、「消費者」（つまり学生）を喜ばせることで得られるものではない。これもまた、大学が21世紀の現実に合っていないことを示すものだ。

今私たちを取り巻くトレンドを見れば、教育の鍵を握る3つの要素──コスト、タイミング、手法──が、今後10年間で変わってもおかしくないと思われる。教育はすべての人に影響を与えるため、その過程、経済性、目的の大きな変革は、私たちの人生、そして子どもたちの人生に決定的なインパクトを持つ。さらに、こうした変化はビジネスにも影響を与える。なぜなら、教育が潜在的な人材の質と供給を左右するからだ。あなたの会社の競争力、そしてもちろん国家の競争力は、今後教育がどう変わるかにかかっている。

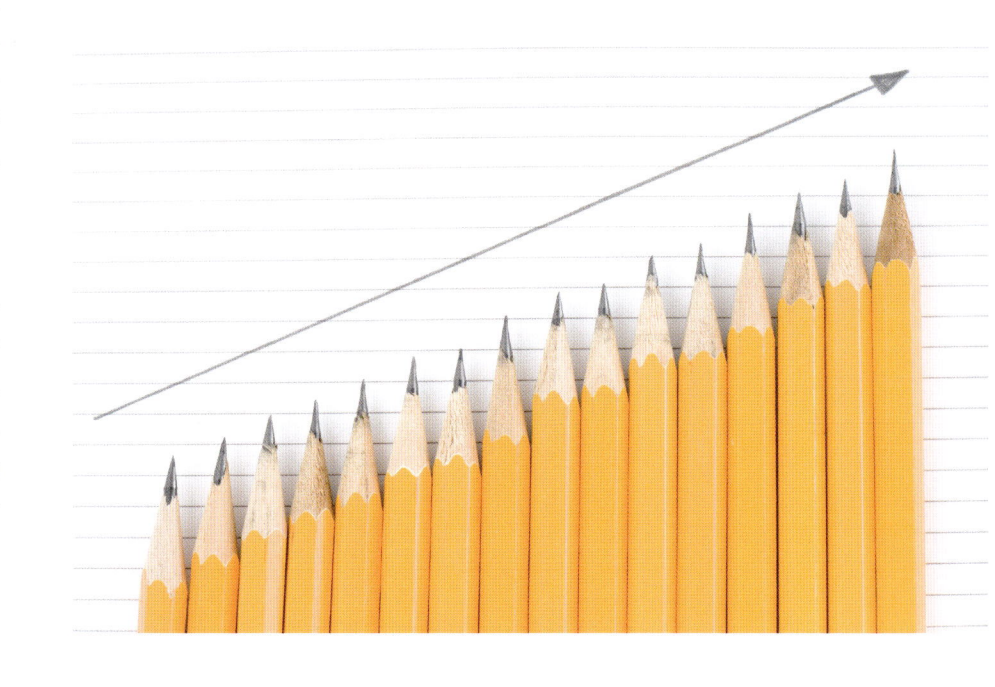

大学の学費にどれだけかかるか？

経済学で言うバブルとは、資産価格が実態とかけ離れた水準になり、その資産の本来価値を大きく超える状態を指す（たとえば、1600年代のオランダのチューリップ熱や、1998年から2006年までのアメリカの住宅バブルがそうだ）。価格高騰の背後には投機が存在するが、資金が人工的に市場に注入され、特定の資産がさらに買いやすくなると、最悪のバブルが起きる。なにかを買うための借入を政府が補助すれば、さらに多くの買い手が市場に流入し、価格を上へ上へと押し上げることになる。

現在、アメリカの高等教育にはバブルが起きているのだろうか？　大学の学費は以前から決して安くはなかったが、過去20年の間に、さらに高くなった。1970年代の終盤以来、アメリカの大学の学費は消費者価格指数（CPI）の4倍の速さで上昇している。1世代前には年間4000ドルだった学費は、今では4万ドルを超えるまでになっている。

どうしてこんなことになったのだろう？　答えは簡単だ。政府である。だれにでも大学教育が受けられるように（理論的には賞賛に値する目標だ）、アメリカ政府は高い学費を支払う生徒に低利の資金を貸し出している。こうした学生ローンを通して、1000億ドルもの税金が、毎年アメリカの教育システムに再分配されている。競争に先んじるには大学教育が必要だと信じこまされて（「家庭が成功のカギだ！」）、ますます多くの学生が多額の借金を負い、その当然の結果として学費は上がる。学校側ができる限り多くの資金を吸収しようと思えば、ただ学費を上げればいいのだ。だれがそれを責められるだろう？　学費を下げる圧力はどこにもない。学校間の価格競争は存在せず、学費を抑えようとする規制機関もない。それは、紙幣印刷マシンのようなものだ。

もちろん、こうした資金がきわめて有効に活用される場合もある。私の知るところ、少なくとも電子顕微鏡は安いものではない。しかし、膨大な金額が、肥大化した事務スタッフや、高価な運動部の活動や、贅沢な学生寮や食事やフリークライミング用の壁に使われている。

現在のトレンドは持続可能だろうか？　このところの不況で、これらすべてが停止する可能性はある。少なくとも一部の学生と両親は、借金をするほどの価値が今の教育にあるかを真剣に考え直している。多くの大学新卒者は、卒業時点で政府に対して何万ドルもの借金を負っている。しかし、その借金を返せるほどの高給な仕事につけるわけではない。教育への投資リターン（ROI）は、突然これまでと違って見えるようになる。

ある種の学位（たとえば、エンジニアリングやコンピュータ・サイエンス）を取れば、卒業後に高給な仕事に就けるチャンスもあるだろう。彼らにとって、教育のROIは、少なくとも今のところはなんとか容認できるものだ。しかし、このまま学費が給与の伸びを上回り続ければ、かなり高給な仕事についても、ROIはますます悪化していくだろう。

しかも、大学に進む人がみなエンジニアやプログラマーになるわけではない。19世紀のフランス文学を勉強したかったら？　カルト映画といった珍しい分野の学位を取ったら？　そこそこの稼ぎが得られる仕事にはつけないような学位をとるために、4年間（4年半だが）で15万ドルの借金を背負う価値があるのだろうか？　そもそも仕事が見つかるかどうかもわからないのに？

かごの編み方や、ラテン・アメリカのフェミニズム研究の学位を取ることには、なんの問題もない。しかし、その学費が高すぎるとしたら、経済的な合理性はあるだろうか？　仕事に結びつかない分野の学位は、卒業生を世界にはばたかせる翼を与えるどころか、彼らの足かせになりかねない。この認識が、最近のウォール街の抗議行動に油を注ぎ、高等教育の学費の今後とその支払い方法を変えることにつながるかもしれない。

質問

・学生やその親は、より消費者の目線で高等教育を選択するようになるだろうか？　大学の価格競争は現実のものとなるか？

・ここで、もうひとつの要因があることも思い出さなければならない。それは人口動態だ。若年層（大学がターゲットとする市場）の人口は拡大せず、むしろ縮小している。18歳人口がますます縮小し、彼らが莫大な経済的投資にますます消極的になる中で、学費の水準が大きく下がる可能性はあるだろうか？　大学はどう反応するだろう？　核となる活動以外は削減するか？　今日とは違う種類の機関として生まれ変わるのだろうか？　その場合、教育にどのような影響があるだろう？

3段階教育でいいのか？

教育のもうひとつの大きな問題は、それを受けるタイミングだ。今日の教育モデルでは、私たちのほとんどは、5歳から18歳まで（高校以前）、22歳まで（大学）、25歳か26歳（大学院）前後までを教育機関の中で過ごすことになる。そこで受ける教育が、その後の人生を支えるという前提だ。その後の人生で、数日から数週間程度の仕事関係のセミナーや講義などのなんらかの継続的な教育を受ける場合もある。

このモデルは、ますます時代遅れになりつつある。先ほど述べたように、私たちの職業人生は長くなり、そのうち60年を超えるかもしれない。ひとつのキャリアにそれほど長く留まりたいだろうか？ その60年に3つの異なるキャリアを経験しようと思うかもしれない。たとえば、はじめのキャリアを25年（およそ50歳まで）続け、その後、次のキャリアに10年から15年を投じ、最後に80歳の定年まで別の仕事をしてもいい。もっと現実的なのは、その間に失業し、それを機会に新しいことを始めるという選択だ。

もちろん、先ほど述べたように、学校での学習が急速に陳腐化することも問題だ。このふたつの点を考え合わせると、25歳までにほぼ終わってしまう教育は、80歳、90歳まであなたを助けることになるのだろうか？

質問

- 近い将来、私たちは1度の教育ではなく、2度目、あるいは3度目の教育を受けることになるだろうか？
- 最初の段階の教育（若いときに受ける教育）は、どのように変わるだろう？
- 社会人となった私たちが受ける第2、第3の教育とは、どのようなものだろう？
- それはどのくらい費用がかかるだろう？ だれがそれを払うのだろう？
- 多くの社会人が教育機関に戻ることで、社会はどう変わるだろう？

遠距離学習

通信教育は、新しいものではない。イギリスのオープン・ユニバーシティや、アメリカのフェニックス大学といった有名な通信教育機関は、完全なオンラインか、または大部分オンラインの授業によって、認証学位を授与している。こうした機関はかなり前から存在し、毎年、多くの生徒たちが学費を支払って授業を受けている。

しかし、新たな動きがある。こうした通信教育の大学には学費を支払わなければならない。しかし、マサチューセッツ工科大学（MIT）のオンライン授業なら、無料で聴講できる。世界の一流大学のひとつ、MITは2002年に授業、講義メモ、教材をインターネットで公開し、だれにでも視聴可能にした。このプログラムは、MITオープンコースウェア（OCW）と呼ばれている。

一方で、2009年に開始された、個人運営に近いカーン・アカデミーは、ユーチューブに2600本の教育ビデオを公開している。数学、科学、経済学、そして金融における幅広い科目を網羅したこれらの10分ビデオは、2011年10月時点でおよそ7000万回視聴されている。もちろん、ユーチューブ上に公開されたこれらの教材にお金を払う必要はない。

MITとカーン・アカデミーはこの分野の先駆者だ。もちろん、こうしたコンテンツを無料で公開するための資金調達は重要になる。たとえば、MITはOCWの運営に年間350万ドルを費やしている。今後数年の間に、カーン・アカデミーのようなものが続々と出てくるだろうか？　もしそうなれば、教育産業は一変する可能性がある。

それはなぜだろう？　こうした新しい教育手法が、従来の学校や大学の終わりを意味するのだろうか？　そうではないはずだ。対面学習はこれまで以上に重要になることは間違いなく、従来の学校形式は続くだろう。しかし、急速に発展する柔軟なオンラインの学習プログラムは、教師の教え方と生徒の学び方に影響し、カリキュラム開発から、授業計画、教室での議論と対話、宿題といった体験全体を変える。

たとえば、カーン・アカデミーの教材を補足的に使い、革新的な学習方法を作り上げている教師もいる。生徒はカーン・アカデミーの教材（講義）をひとりで自宅で見て、翌日教室でその「宿題」をする。その間、教師は生徒の間をまわり、必要に応じて助け舟を出す。つまりカーン・アカデミーのビデオが、通常の教室の学習体験の代わりになっているのだ。

質問

・公立教育は、この方向に向かうのだろうか？ 公立学校に使われる税金を使って、カーン・アカデミーのような学校教育を補完するシステムを開発することはできないのだろうか？ そうした変化は、従来の学校のスタッフの手当や設備をどう変えるだろう？

・カーン・アカデミー型の学習は、キャリアの転換を容易にするだろうか？ 新しいキャリアに必要なスキルを得るのに、長い時間や莫大なコストがかからないとしたら、3段階キャリアの人生を選ぶ人が増えるだろうか？ 一方で、オンライン学習は、従来型の学校が課す高い授業料への脅威となるだろうか？ より多くの「教育の消費者」がオンラインに移行するにつれ、有料の大学は授業料を下げる方向に向かうだろうか？ 従来型の学校の収入源が先細ると、なにが起きるだろう？

・現在のカーン・アカデミー型の教育の欠点は、これが認可を受けた教育機関ではなく、学位を授与できないことだ。だが、今後もそうだろうか？ 言い換えると、学位はいつまで重要であり続けるだろう？ 将来、知識があれば学位は問題でなくなるだろうか？

Web 9.0: How Will It Change Us?
トレンド⑥ウェブ 9.0──私たちをどう変えるか？

この 15 年、インターネットは火薬や活字と同じように世界を劇的に変えた。しかし、このふたつの発明と違い、インターネットは今後も進化を続ける。それがもたらす無数の変化は、まだまだ終わることはない。

ビジネス環境、仕事、人生、大げさかもしれないが 10 年後の世界全体は、ウェブのおかげでどう変わるのだろう？

私のようなテクノロジー音痴にはウェブが可能にすることをすべて想像することはとてもできないが、インターネットが未来にもたらすものを思い描いてみる価値はある。私たちがそれでどう変わるかを考えると、なおさら刺激的で興味深い。ウェブは私たちの生活と仕事をどのように変え続けるのだろう？

学校？　アプリで十分

10 年もすれば、地球上のほぼ全員が携帯デバイスを持ち、世界中に蓄積された知識の 99.9 パーセントに即座につながるようになるかもしれない。実際にこうしたデバイスは存在するし、おそらく、今あなたのポケットにもひとつ入っているだろう。だが、未来のスマートフォンは、より速く、より安く、より使いやすく、すべての情報につながるただひとつの面倒な仕事をやってくれるインターフェースを備えているだろう。それは、正しい質問をすることだ。

質問

・携帯デバイスは未来の教育に決定的な役割を果たすようになるだろうか？　8 歳児が全員スマートフォンを持つようになると、教育はどう変わるだろう？

・だれでも、どこでも、いつでも、簡単に見つけられることを、わざわざ学校で教える必要があるだろうか？

・ウィキペディアやその他数千のサイトに、持ち歩いているデバイスから 24 時間 365 日アクセスできるのに、同じことを学校で教える必要があるのだろうか？　あるいは、この偉大なツールの使い方を子どもたちに教えることが教育の大部分を占めるようになるのだろうか？　ウェブ（むしろ、ウェブと携帯デバイスの組み合わせ）が、教育を変えることは間違いない。だが、それは子どもたちを、そして子ども時代をどのように変えるだろう？

すべてのものとすべての人のグローバリゼーショーン

仕事を海外に移転するのは大企業だけではない。インターネットのおかげで、個人でも、人脈やチームやコミュニティをグローバル化できるようになっている。そのために地元が犠牲になることもある。私自身、オースティン、チューリッヒ、ベルファストの才能ある人々に仕事を外注している。たとえば、マーストリヒトの出版社とオンラインで仕事をし、会ったこともないメキシコ・シティの開発者に私のウェブサイト「チェンジズ・ドットコム」をデザインしてもらっている。私自身がグローバル総合企業なのだ！　おそらくあなたもそうだろう。

質問

・このトレンドはあなたのクリエイティビティ、競争力、対応能力に、どのような影響を与えるだろう？　世界中に拡散したドリームチームが、あなたの目の前にいる優秀な人材に取って代わるだろうか？

・ウェブは世界中で最も優秀な人材を見つける助けになるが、目の前の人材を見過ごすことにもつながるのだろうか？

中抜きか？　それとも質の向上か？

飛行機を予約するために旅行代理店に最後に行ったのはいつだろう？　最後に銀行に入って窓口で対面取引をしたのはいつだろう？　なにより、最後に本屋で本を買ったのはいつだろう？　インターネットのおかげで、膨大なものとサービスが人手を介さず直接手に入るようになった。

中間段階を排除することは、どちらにとっても都合がいい。たとえば、消費者はCD屋に行かずに楽曲をダウンロードできるし、アーティストはレコード会社を通さずに楽曲を録音し、ファンにそれを届けることができる。ウェブを利用することで、両者（消費者とアーティスト）が従来の中間業者を排除できる。

旅行代理店、本屋、銀行の窓口は、10年先にも物理的に存在しているだろう。だが、もしそうだとすると、その役割を考え直す必要があるのでは？　大多数の人々が航空券や本を直接オンラインで買うようになれば、物理的な窓口にはなんらかの付加価値が必要になる。オンラインで手に入るものやサービスよりも高い値段を払うだけのなにかが必要になる。その価格差を「対面料金」と呼ぶことにしよう。この料金を喜んで支払おうという人が、どれだけいるだろうか？

質問

・ウェブは基本的にデフレを促すものだろうか？　すなわち、常に買い手を安い値段へと誘導し、全体的に価格を押し下げるのだろうか？　それとも、この透明性が、別の展開の原動力となるのだろうか？　つまり、このことで、サービス文化が開花するだろうか？

・もしあなたが売り手で、自分が最安値を提示していないと知っていたら（ウェブで確認すればすぐわかる）、別の面でなんらかの付加価値をつけて競争しなければならないと感じるだろうか？　この「別の面」が、人間による古き良きサービスとなり得るだろうか？

プライバシー――時代錯誤の概念

インターネットによって変化するもうひとつの概念は、プライバシーだ。たとえばここスイスでは、グーグルのストリートビューの360度のカメラにはからずも捉えられた個人を特定するものはすべて、モザイクをかけることが要求されている。顔と自動車のナンバープレートだけでなく、肌の色や洋服もその中に含まれる。ドイツでは、自宅の画像にモザイクをかけるようグーグルに要求することができる。一方、日本では最近、ストリートビューに干した洗濯物の下着が写っており、世界中にそれが見えたとして、ある女性がグーグルを訴えた（私には、どれも時代錯誤に聞こえるが）。

しかし、その対極も見てほしい。ティーンエイジャーは、驚くほど大量の個人情報を、みずからオンラインで公開している。彼らは自分の写真や情報を共有するリスクより、そうすることで得られるメリットを取る。シェアすることを通して友情が育まれ、コミュニティができあがる。

質問

・フェイスブック中毒のＹ世代が大人になると、彼らのプライバシー感覚（どちらかと言うと、非プライバシー感覚）が社会の標準となるのだろうか？

・開かれたコミュニティの一員であることは、あなたの家（や下着）をだれにも見られないようにするよりも、大きな価値を持つようになるのだろうか？

・それとも、Ｙ世代も大人になって守るべき資産ができれば、従来的な情報の共有とプライバシーの考え方に戻っていくのだろうか？

70億人の証人

あなたが邪悪な独裁者になったと想像してほしい（やってみると、意外に簡単だ）。ある日首都で暴動が起き、軍隊が抗議行動者を撃ち始めたとする。もしそうなれば、あなたの政権への最大の敵は、デモ隊ではなくツイッターやフェイスブックやユーチューブだ。秒速で世界中に実況中継を流すことのできるこれらのツールは、あなたとその政権を脅かすものになる。それらは、世界中であなたへの反感を巻き起こし、民衆を指導し協調させて、実際の革命を助けることは間違いない。

質問

- 独裁者はどのような対抗策を取るだろう？ 電源を落として、インターネットを遮断するか？ ツイートを犯罪にするのか？ 映像を撮影している市民を軍隊に追いかけさせるか？ より広い目で見ると、ソーシャルメディアは政治的活動の未来をどう形作るだろう？

- 古い体制への「ツイッターの圧力」が、チュニジアやアルジェリアの独裁政権を倒すことができるなら、それよりもはるかに非力なものを終わらせることもできるのだろうか。たとえば、イギリスの君主制を？ ダイアナ妃が亡くなったときにツイッターが存在していたら、エリザベス女王はどうなっていただろう？ ソーシャルメディアに誘導されると、人々は外にでて抗議行動を行うのだろうか？ なにに対してもそうなのか？

事実対意見

私がまだ大人になりかけの1970年代に、世界で起きていることを知るために私が頼ったのは、地元の新聞、CBS イブニング・ニュース（ウォルター・クロンカイトは素晴らしかった）、毎週読んでいたタイム誌、そしてたまにラジオで聞く3分ニュースだった。当時、こうした情報源はただ事実だけを報道し、中立的で、信頼できた。

今日、私はほとんどすべてのニュースをオンラインで視聴する。しかも、おそらくその8割はブログ経由である。ニュースを読む前に、そのニュースに関する意見を読んでいることも多い。ときには、事実までたどり着かないこともある。事実よりも意見の方が面白いからだ。

数年前にウェブが双方向になって以来、それは事実よりもはるかに意見を開示する媒体となっている（それもわたしの意見だ）。ブログ、コメント、論戦、レーティング、評価。ウェブは、すべての人が意見を述べ、議論し、悪口を飛ばし、不満を言い、けしかけ、薀蓄を語るためのプラットフォームだ。

このトレンドはどこへ向かうのだろう？ 消費者による商品レビューは、すでに製造メーカーの発する情報よりも信頼できると考えられている。買い手のおよそ半数は、買い物をする前にネットワークで共有される意見を参考にする。我々の調査によると、消費者の9割は、オンラインの知り合いの推薦を信頼し、7割は知らない人の推薦をも信頼している！ 要するに、人々はウェブで助言や意見を探し、しかもほとんどの場合はそれを信頼しているということだ。

質問

・先ほど述べたように、私たち全員が携帯デバイスを持つようになると、とめどなく流れ込むウェブ上の意見にアクセスし、消化し、書き込みをすることに大部分の時間を費やすことになるのだろうか？

・あらゆることへの自分の反応を記録し、写真と動画を添えて、フォロワーに伝えようとインターネットに流し込むようになるのだろうか？

・ビジネスには影響があるのか？　たとえば、自分がいい評価をつけると約束したら、ホテルは宿泊費を割引きしてくれるのだろうか？　割引きしてくれないなら悪い評価をつけると脅すことが許されるのだろうか？　だれもがその力を持ったら、社会はどうなるだろう？　日に100回もオンラインの意見にさらされたら、だれがなにを言おうと一切信じなくなるのでは？

・この信頼の欠如は、マーケティングをどう変えるだろう？　私たちを待っているのは、手厳しい皮肉と悪い評価ばかりの未来なのか？

王子様を見つける

統計にもよるが、アメリカの新婚夫婦の 15 パーセントから 45 パーセントは、オンラインで出会っている。他の国では、その割合は 5 パーセントから 10 パーセントだが、上昇傾向にある。

質問

- このトレンドは、10 年後にどんな結果をもたらしているだろう？ 離婚率は下がるだろうか？ なにしろ、オンラインで出会うカップルは、すでにフォームに記入済みで、ということは、初めて会ってワインを 1 杯傾ける前に、微妙な話題についてのお互いの相性を確認しているわけなのだ。すでに相手の裏付けをとっているということだ。理論上は、彼らの結婚がより盤石でもおかしくない。

- それとも、その反対なのだろうか？ 人々は合理的ではない。予想外の行動を取る。共通の関心を持っていたとしても、関係が続く保証にはならない。いくら 2 人ともタイ料理と、ジョン・アーヴィングの小説と、アース・ウィンド・アンド・ファイアーが好きだとしても、興奮が冷めれば、関係は終わる。

- ウェブは新しい相手を見つける手助けにはなる。配偶者が居間でテレビを見ている隙に、あなたは書斎でオンラインのプロフィールを物色することだってできるのだ。ということは、ウェブは離婚率の上昇を招く要因になるのだろうか？ ウェブは、私たちにもっといい相手が見つかるかもしれないと思わせ、私たち全員を我慢のない完全主義者に変えてしまうのか？

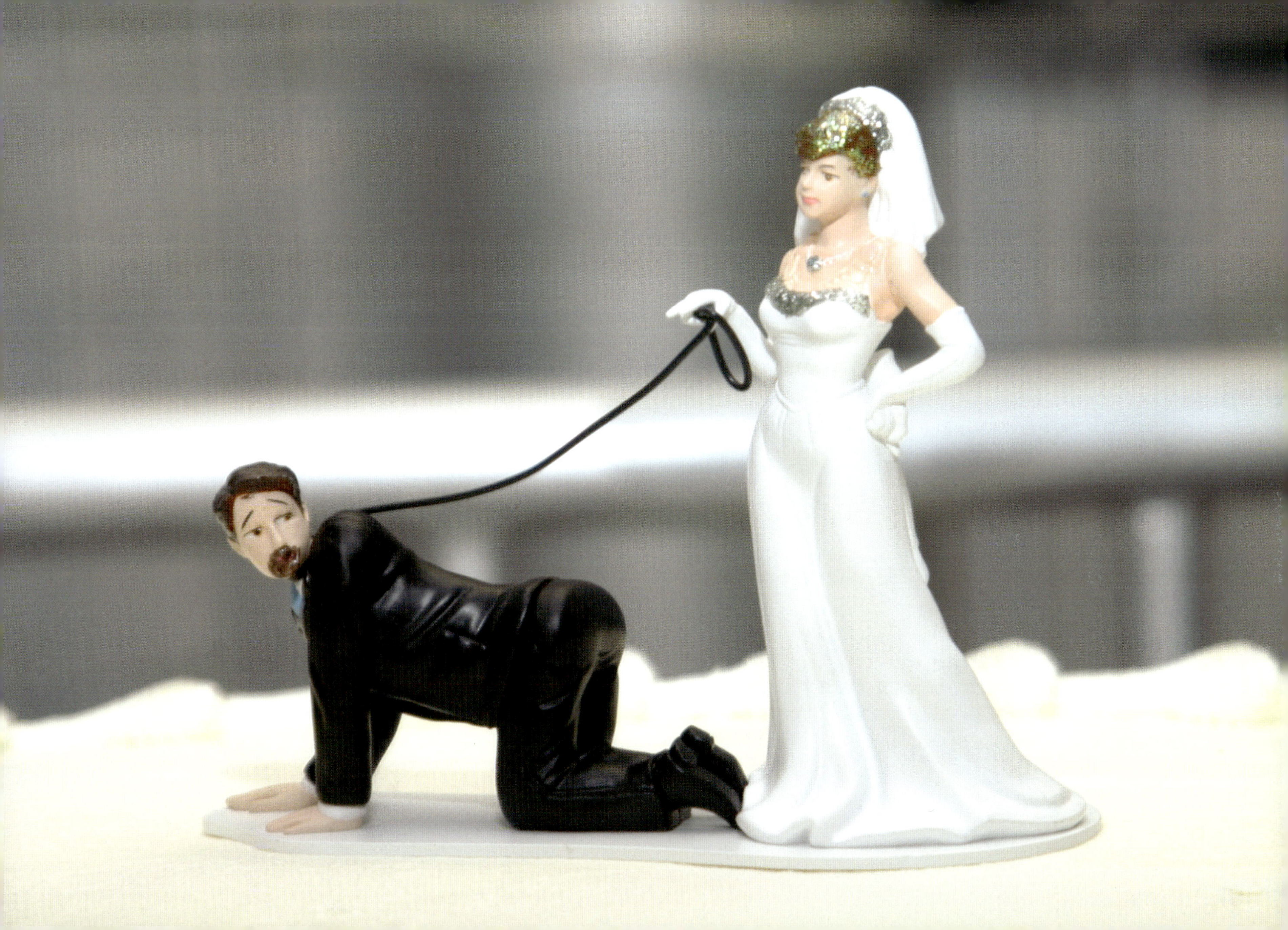

POSTSCRIPT
あとがき──考えられないことを考える

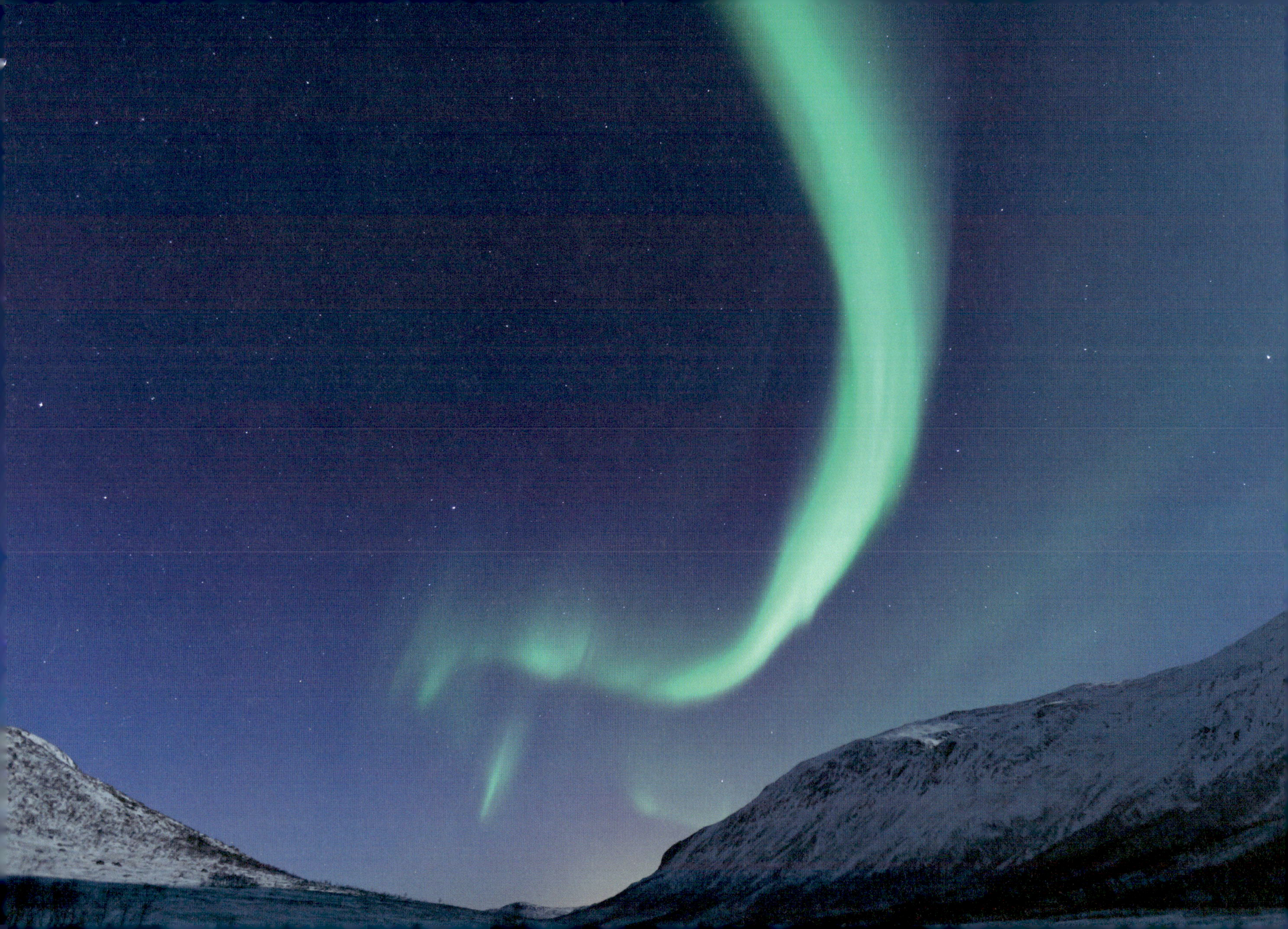

現在のトレンドにもとづいて、未来のチャンスと脅威を描くことを助け、組織の成功確率を高める。

シナリオ・プランニングをこう説明すると、なんの面白みもなくなってしまうが、この手法の目的はつまりそういうことである。

ここで言う「組織の成功」には、もちろん様々なことが含まれる。もし対象となる組織が国全体なら、リーダーが目指すべき「組織の成功」とは、市民の安全を守ることだろう。安全を守るひとつの手段は、テロ攻撃を未然に防ぐことである。とりわけ、2001年9月11日の同時多発テロ事件以降、安全保障の専門家は、自国の潜在的な「危機状況」を描くために、シナリオ・プランニングの活用を奨励されている。過去10年間にさまざまな地政的潮流が形作られ、安全保障への国民の姿勢が注目され、国をテロリストのターゲットにしかねない政策が実行され、地球のさまざまな場所で実際にテロ攻撃が起き、それらが研究分析される中で、シナリオ・プランニングの手法は脆弱な部分――物理的、法的、心理的な脆弱さ――を見つける手助けとなるはずだ。

2011年夏にノルウェーで大虐殺が起きた。この悲惨な事件を見て、私は、警備隊はこうした演習を行っていなかったに違いないと直感した。ノルウェーの政策立案者がもしそれを行っていれば、自分たちの国がテロリストの暴力と決して無縁でないことを、はっきり理解していたはずだからだ。それが本当に起きる可能性があると理解していれば、より綿密にテロ対策を考え、万一の備えを強化していただろう。9月11日の同時多発テロ以降の数々の出来事を見ていれば、ノルウェーの防衛隊は、この国がいつかアルカイダのターゲットになるかもしれないと考えたはずである。たとえば、ノルウェーは、NATOの一員としてアフガニスタンに駐留軍を送っていたし、ムハンマドの漫画スキャンダルに少し関わったことで、イスラム原理主義者の怒りを買っていた。西洋の豊かなキリスト教国家だというだけでも、潜在的なターゲットとして十分だった。

オスロとウトヤ島での事件は、アルカイダの仕業ではなかった。だが、それは関係ない。重要なのは、ノルウェーがこのような攻撃にまったく無防備だったことだ。手薄な保安体制だけでなく、自信過剰の間延びした姿勢が、最終的にこれほど大規模な惨事につながった。アメリカ、マドリッド、バリ、ロンドン、モスクワ、ムンバイ、その他の場所でテロ攻撃が仕掛けられた後でも、ノルウェー人は、だれかが自分たちを傷つけようとする可能性が高いことを無視しているように見えた。この現実逃避的な姿勢のせいで、振り返れば明らかだった回避措置は取られず、おそらく必要だとも思われていなかった。次に挙げるのは、特に明らかな人為的ミスである。

- 数百人の若者が集まるノルウェー与党の青年部会議が開かれたウトヤ島にも、またノルウェーの沿岸警備隊にも、実効的で綿密な保安体制が存在しなかった。この集団は、どこから見ても重要で、かつ狙いやすいターゲットだった。
- 島からの避難や、本国から島への緊急上陸のためにボートを準備する必要さえ考えられていなかった。
- 警察の特殊部隊のヘリコプターを操縦するパイロットが配備できず（全員休暇中だった）、その場で替わりのものを利用することにも、考えが及ばなかった。たとえば、事件を報道していたテレビ局のヘリコプターを使うなどだ。
- 爆発物を積み込んだ自動車を官庁街に乗り入れ、首相公邸の外に乗り捨てにしておくことがいとも簡単に行われていた。
- 「農民」と名乗る人物による数トンもの化学肥料の怪しげな購入を通報するよう

なシステムが存在していなかった。過去の悲劇的な経験から、化学肥料が自家製爆弾の製造に使われる可能性がある材料であることは、よく知られていた。
・過激な政治活動を監視し、情報を収集するシステムがオンラインにもオフラインにも存在しなかった。とりわけ、原理主義者が爆弾製造の材料を買っているというような潜在的に危険な情報を収集し、点と点をつなげる能力がなかった。
・90分も殺戮を続けられるほどの大量の銃弾の購入についてはもちろんのこと、自動小銃の購入についても追跡する能力がなかった。

ことが起きたあとに他人の手落ちを批判するのは簡単だし、それは私の意図ではない。むしろ、私が問いたいのはこのことだ。あの日の悲劇の最大の原因は、警察の失敗と悪運に集約されるのだろうが、その背後に存在した本当の問題は、国民の安全を確保するべき人々の想像力の欠如ではなかっただろうか？　これほど多くの若者が犠牲になった背景には、ノルウェーの人々の自己イメージにまったく反する、だが起きうる出来事への想像力の欠如が存在し、もっと悪いことに、想像したくない気持ちがあったのではないだろうか。そうしたシナリオを真剣に考えてみようとせず、そのつらいプロセスを行わなかったせいで、攻撃が現実になったとき、まったく無防備な状態だったのである。この惨事は、なにより重要なプランニングを誤った結果だと言えるだろう。

シナリオ・プランニングを行っていたとしても、オスロとウトヤ島でのテロリズムを防げなかったかもしれない。だが、もし政治家、警察官、その他の安全保障に責任のある政府機関が、起きうるテロのさまざまなシナリオを描いていたならば、少なくとも警備はより厳しく、警察はより準備を整え、素早く行動できたはずである。そして、そうであれば、あの悲惨な夏の日に救われた、若い命があったかもしれないのだ。

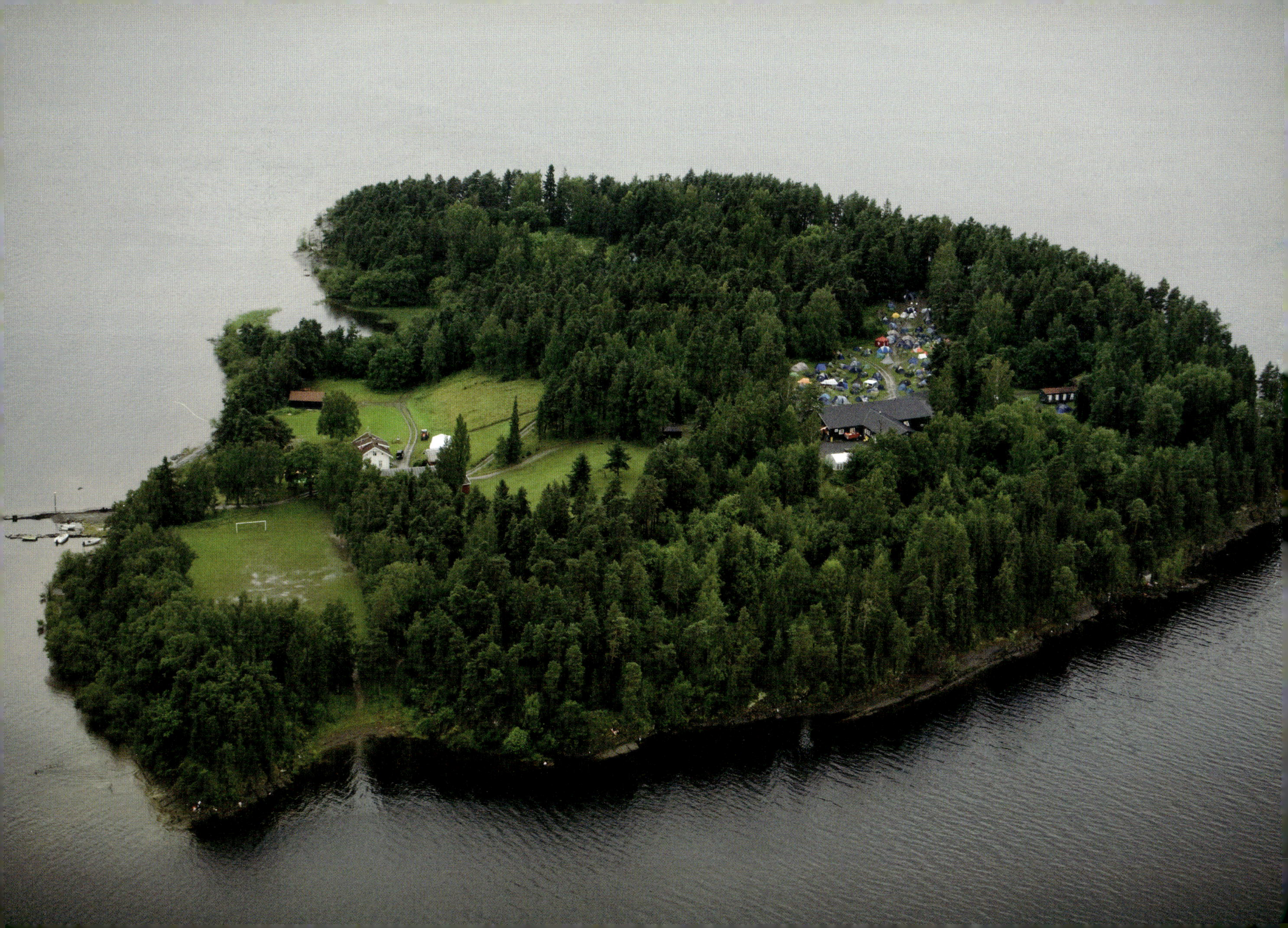

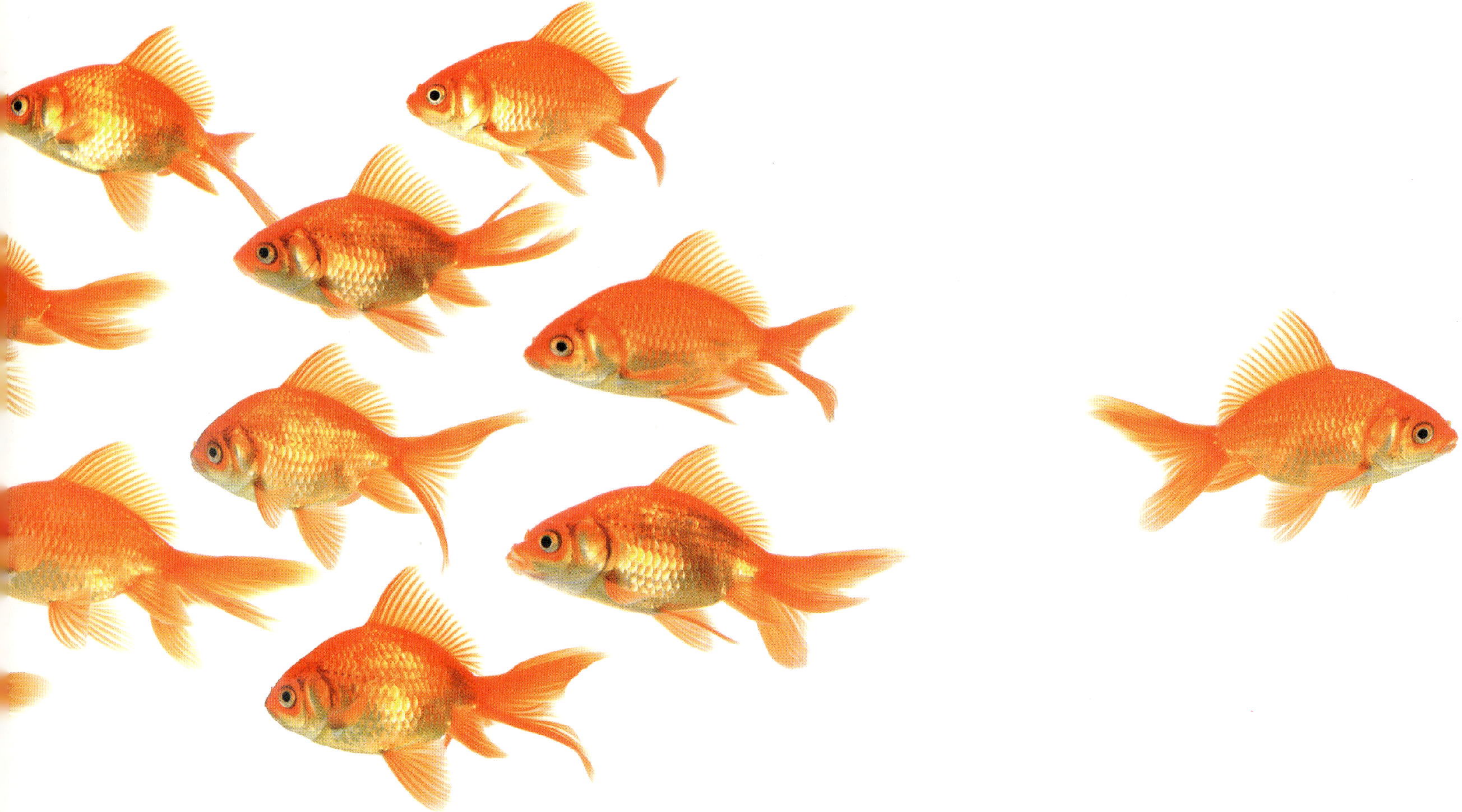

チャンスは準備のあるところにやってくる。
ルイス・パスツール

Thanks
謝辞

ほとんどの大変なプロジェクトがそうであるように、この本もまた、多くの人々が興味深い視点と価値ある助言を与えてくれたことによって実現した。私を押したり引いたり突いたりして、励ましてくれた人々の存在があったことは言うまでもない。熱心にアイデアとインスピレーションを与えてくれた彼らに感謝したい。

ナタリー・ワグナーは、素人の私のくだらない質問や指摘にいつも笑顔で応えながら、この本を美しくデザインしてくれた。彼女は天使のような忍耐力を発揮してくれた。これまで多くのプロジェクトで私と数年にわたり共同作業を行ってきた、弟のスチュワート・ウェイドは、遠く離れたオースティンから本書の文章のほとんどを監督してくれ、こまごまとした有益な指摘を与えてくれた。クリスチャンとクリスティン・アロヨの2人は、さらに遠く離れたメキシコ・シティで「イレブン・チェンジズ・ドットコム」のウェブサイトを立ち上げ、本書を大きく後押ししてくれた。私は幾度となく日曜の夜に彼らとスカイプで会話を交わした。彼らの素晴らしいアイデアと助言に（そしてスカイプにも）感謝したい。

本書に描かれたケーススタディの基礎を作ってくれた4人に、特別な感謝を贈りたい。この4人のエグゼクティブは、彼らのシナリオ・プランニングの経験を私に余すところなく語ってくれた。彼らの寛大さ、そして4つのまったく異なる結果を紹介してくれたことに、心から感謝する。

- シンガポールに本拠を置くアムプリオスのウィルソン・フィッテは、美しい南洋の島（残念ながら、非公開である）の国家産業機構（NIC）に協力した。彼には、ベスト・ロケーション賞を贈りたい。

- パリの世界新聞協会のラリー・キルバーンは、ストックホルムに本拠を置くカイロス・フューチャーの力を借りて、変化の激しい産業の未来を見つめた。

- ワシントンDCに本拠を置く世界銀行のリイカ・ラジャハルティは、シナリオ・プランニングの生みの親、キース・ヴァン・デル・ハイデンを迎えて、インド政府と共に、この国とその農業セクターが今後30年間にどう発展するかを探った。

- 現在、ニュージーランドのウェリントンにあるビクトリア大学で教鞭をとる、観光産業の大家のひとりイアン・ヤオマンは、スコットランド観光局と協力し、驚くべき精緻さと想像力を発揮した。

どんな書き手にも必要なのが、励ましである。ここスイスで多くの仲間が支えてくれたことを幸運に思う。ナンシー・ゴヴィンダー、ポール・リーマー、ミック・ダウィドウィックス、マーク・オリビエ・ゲメット、コーリー・アン・ノタリ、マーニックス・クープマン、ジョン・ハースト、オリビエ・タベルニーに感謝する。そして、私の親友であり、指導者でもあるクリスとクリスティーナ・ノートンの2人に、心からの尊敬を捧げたい。

最後に、私の最高の応援団、子どもたちのマルコムとクレア・ウェードに、感謝の言葉を贈りたい。2人はこのプロジェクトを通して私を励まし続けてくれている。

訳者あとがき

私は池井戸潤氏の大ファンである。
この本の翻訳に携わっていた3カ月間、世間ではドラマ『半沢直樹』が大ブームとなり、私も土曜の夜あたりからそわそわしはじめ、日曜の夜9時が待ち遠しい日々を送っていた。リアリティがない、あんなことはありえない、という批判を聞くが、私のサラリーマン時代を振り返ると、大企業の現実は小説を超えるほどのドラマに満ちていたように思う。不倫、横領、内部告発、権力闘争。劇画よりもはるかに「ありえないこと」が起きていた。事実は小説より奇なり。ドラマより現実世界の方がよっぽど奇想天外である。

思いがけないことが起きるのは、企業の中だけではない。2001年のアメリカ同時多発テロも、2007年のリーマン・ショックも、2011年の東日本大震災もまた、それまでの日常とかけ離れた思いがけない出来事である。だが、それはまぎれもない現実で、多くの人々の人生がその出来事の前と後とで大きく変わってしまった。国も企業も、それまでとは違う世界に生きるようになった。

『イノベーションのジレンマ』でクレイトン・クリステンセンが説くのもまた、突然の（ように見える）変化が及ぼす影響の大きさである。クリステンセンはこれを「破壊的イノベーション」と呼んだ。優良企業ほど、合理的な判断にもとづいて既存市場と顧客に対応しようとするため、「破壊的イノベーション」を見落としてしまう。あるいは、目に入っていても過小評価してしまう。

大企業の破たんや組織の崩壊は、往々にしてこうした思いがけない出来事が引き金となって起きる。デジタル写真の台頭で長い歴史に幕を下ろしたコダック。オンライン書店と電子書籍の出現で倒産したボーダーズ。同時多発テロ後に破産したスイス航空。振り返ってみれば、デジタル写真やオンライン書店の台頭も、テロリズムでさえも、起きるべくして起きたように思える。そうした出来事にもっとも敏感であるはずの企業が、どうしてその可能性を考えなかったのだろうか？ もし可能性を考えていたとしたら、なぜ対策を講じなかったのだろう？ そもそも、どんな不測の出来事が自社の将来を左右するのかを、どうやって知ることができるのか？
──その問いに答えるのがシナリオ・プランニングである。

どのような要因が自分たちの未来に重大な影響を与えるのかを考え、その出来事が起きたときにどう対応すべきかを考えることが、シナリオ・プランニングの目的だ。現在の延長にない未来を描くことが、不測の事態への備えとなる──世界が自分たちにとって良い方向に向かえばその環境を活用できるように、もし悪い方向に向かえばその時こそ守りを固められるように。もちろんシナリオ・プランニングで浮かんだ未来が訪れないこともあるだろう。それでも、頭を柔らかくしてなにが起こりうるのかを考えてみること、想像できない出来事を想像してみることが、これまでとは違った角度で物事を眺める訓練になることは間違いない。

本書では、シナリオ・プランニングの過程を10段階のステップに分解して説明し、ケース・スタディを用いて現実の組織がどのようなプロセスを経て特定のシナリオに到達し、対策を考えたかを紹介している。
シナリオ・プランニングの肝は、自分たちの組織に影響を与えるさまざまな要因の中からもっとも重要だと思われる2つの原動力（ドライビング・フォース）を選び出すことだ。その2つを縦と横の軸として十字架を作る。その十字架で切った4象限が、シナリオの骨組みとなる。それを肉付けし、専門家の裏付けを取り、調整すると、未来のストーリーが見えてくる。どのストーリーが現実になりそうかをチェック

するために、目印となるものを決め、継続的にシナリオを更新する。すべてはより良い戦略を練るためである。

ケース・スタディでは、4つの公的な組織を取り上げて、先ほどの過程を詳しく描いている。できあがったシナリオは小説のようであり、それだけでも面白い読み物になるほどだ。

「変化こそが永遠の真実」と著者は言う。あっという間に姿を変える世界では、思いがけない変化に備えるプランニングに価値がある。本書がまだ見ぬ世界を垣間見る助けになれば幸いである。

2013年10月　関 美和

英治出版からのお知らせ

本書に関するご意見・ご感想をE-mail（editor@eijipress.co.jp）で受け付けています。
また、英治出版ではメールマガジン、ブログ、ツイッターなどで新刊情報やイベント情報を配信しております。ぜひ一度、アクセスしてみてください。

メールマガジン	会員登録はホームページにて
ブログ	www.eijipress.co.jp/blog/
ツイッターID	@eijipress
フェイスブック	www.facebook.com/eijipress

シナリオ・プランニング
未来を描き、創造する

発行日	2013年11月20日　第1版　第1刷
	2015年12月25日　第1版　第3刷
著者	ウッディー・ウェイド
監訳者	野村恭彦（のむら・たかひこ）
訳者	関美和（せき・みわ）
発行人	原田英治
発行	英治出版株式会社
	〒150-0022 東京都渋谷区恵比寿南1-9-12 ピトレスクビル4F
	電話　03-5773-0193　　FAX　03-5773-0194
	http://www.eijipress.co.jp/
プロデューサー	山下智也
スタッフ	原田涼子　高野達成　岩田大志　藤竹賢一郎　鈴木美穂
	下田理　田中三枝　山見玲加　安村侑希子　山本有子
	上村悠也　足立敬　市川志穂　田中大輔
印刷・製本	Eiji 21, Inc., Korea
装丁	遠藤陽一（DESIGN WORKSHOP JIN, inc.）

Copyright © 2013 Takahiko Nomura, Miwa Seki
ISBN978-4-86276-165-1　C0034　Printed in Korea
本書の無断複写（コピー）は、著作権法上の例外を除き、著作権侵害となります。
乱丁・落丁本は着払いにてお送りください。お取り替えいたします。

著者　　ウッディー・ウェイド　　Woody Wade

30年以上にわたりトレンド予測、ビジネス展望などを欧州、アジア、アメリカで行うコンサルタント。スイスのプライベート・バンクを経て、Wade & Companyを創業。ハーバード・ビジネススクールでMBA取得。国際マーケティングや戦略開発の分野で定評があり、世界経済フォーラムのエグゼクティブ・ボードメンバー、ローザンヌ・ホテルスクールのマーケティング・ディレクターなどを歴任。

監訳者　　野村恭彦　　Takahiko Nomura

株式会社フューチャーセッションズ代表取締役社長、金沢工業大学（K.I.T.）虎ノ門大学院教授、国際大学グローバル・コミュニケーション・センター（GLOCOM）主幹研究員。博士（工学）。慶應義塾大学大学院理工学研究科開放環境科学専攻後期博士課程修了。富士ゼロックス株式会社にて同社の「ドキュメントからナレッジへ」の事業変革ビジョンづくりを経て、2000年に新規ナレッジサービス事業KDIを自ら立ち上げ、シニアマネジャーとして12年にわたりリード。2012年6月、企業、行政、NPOを横断する社会イノベーションをけん引するため、株式会社フューチャーセッションズを立ち上げる。著書に『フューチャーセンターをつくろう』（プレジデント社）、監訳書に『コネクト』（オライリージャパン）など。

訳者　　関美和　　Miwa Seki

翻訳家。慶應義塾大学文学部卒業。電通、スミス・バーニー勤務の後、ハーバード・ビジネススクールでMBA取得。モルガン・スタンレーを経てクレイ・フィンレイ投資顧問東京支店長を務める。主な翻訳書に、クリス・アンダーソン『MAKERS』（NHK出版）、スコット・ベルスキ『アイデアの99%』（英治出版）など。